I0840589

Max Buchon

Le Gouffre-Gourmand

Réminiscences de la vie réelle

Le code de la propriété intellectuelle du 1er juillet 1992 interdit en effet expressément la photocopie à usage collectif sans autorisation des ayants droit. Or, cette pratique s'est généralisée dans les établissements d'enseignement supérieur, provoquant une baisse brutale des achats de livres et de revues, au point que la possibilité même pour les auteurs de créer des œuvres nouvelles et de les faire éditer correctement est aujourd'hui menacée. En application de la loi du 11 mars 1957, il est interdit de reproduire intégralement ou partiellement le présent ouvrage, sur quelque support que ce soir, sans autorisation de l'Éditeur ou du Centre Français d'Exploitation du Droit de Copie , 20, rue Grands Augustins, 75006 Paris.

ISBN : 978-1727099096

10 9 8 7 6 5 4 3 2 1

Max Buchon

Le Gouffre-Gourmand

Réminiscences de la vie réelle

Table de Matières

Le Gouffre-Gourmand[1]

Section I.

Vuillafans est une jolie bourgade de douze ou quinze cents habitants, qui se trouve dans la vallée de la Loue, entre Besançon et Pontarlier, à une forte lieue en amont d'Ornans. Les deux moitiés du village sont unies, d'un côté à l'autre de la rivière, par un vieux pont de pierre où s'élève une croix au pied de laquelle on n'a qu'à pivoter sur soi-même pour embrasser du regard un joli panorama, bien qu'on soit pourtant là au fond d'une étroite vallée. Du côté exposé au midi, tous les versants des collines sont drapés de vignes qui ne s'y maintiennent que grâce à des murs de soutènement hissés les uns sur les autres, comme les marches d'un escalier. La vigne ne demanderait pas mieux sans doute que de grimper jusqu'au-dessus de ces versants, mais elle est arrêtée aux deux tiers de son ascension par un énorme banc de rochers à couche uniforme et à coupe verticale, qui se continue ainsi depuis la source de la Loue, distante de trois lieues, jusqu'au-dessous d'Ornans. Au-delà de ce corsage de rochers, on n'aperçoit plus que des déserts et des broussailles. Il est rare du reste de trouver une vallée aussi gracieuse, aussi régulière dans ses formes. Plus haut que Vuillafans, cette vallée est si étroite, que les deux villages de Lods et de Mouthiers n'ont réussi à s'y établir, tant bien que mal, qu'à la condition de se cramponner perpétuellement aux flancs mêmes de la colline. Près de Vuillafans au contraire, l'espace s'élargit brusquement de toute la profondeur du vallon de Vertvau, au bord duquel semblent s'avancer curieusement quelques maisons du village d'Echevannes, comme on s'avance au bord d'un puits pour en admirer le fond. En face du promontoire de Château-Neuf, qui a l'air de s'affaisser avec complaisance dans son manteau de vignes, en faisant la cloche, comme une jeune fille

---

1 La forme donnée à ce récit indique assez quelle a été l'intention de l'auteur. Il s'agit moins ici d'un roman que d'une sorte de confession, telle qu'on peut l'imaginer sortant de la bouche d'un simple artisan, à une de ces heures de recueillement et de retour vers le passé, comme il s'en trouve dans les plus humbles existences. Par là s'expliquent quelques développements que le cadre d'une composition plus strictement romanesque eût exclus peut-être, mais qui ont leur place dans un ensemble d'impressions et de confidences familières tel que celui-ci.

dans sa robe de bal, se carre, du côté de l'ombre, la jolie montagne de Devant-la-Faie, tout habillée de broussailles et taillée comme un de ces tas de pierres à forme tumulaire que les cantonniers entretiennent le long des grandes routes. Au revers de Devant-la-Faie s'ouvrent, derrière Château-Vieux, les gorges de Raffenau et de Vergetôle, d'où s'échappe le Biez-Blanc, ainsi nommé sans doute parce qu'à la moindre cessation de pluie les cailloux blancs de son lit sont complètement à sec. Comme les habitants de Vuillafans ne pratiquent pas d'autre culture que celle de la vigne, toute la plaine en amont et en aval du village est plantée de cerisiers superbes qui, tous les printemps, à l'instant de la floraison, donnent à cette localité le plus charmant aspect. De grandes lignes de peupliers le long de la rivière, d'énormes noyers le long des chemins à voiture, de nombreuses touffes d'oseraie le long des ruisseaux, complètent et accidentent ce gracieux ensemble.

Tel est le pays où je vins au monde, par un beau jour de juillet, dans une fosse de vigne. Mes parents n'étaient plus jeunes ni l'un ni l'autre quand arriva cet événement. Ils étaient occupés à ébourgeonner tous deux leur vigne des Chassagnes, vis-à-vis le Moulin-en-Haut, quand ma mère, qui ne s'y attendait pas encore, fut prise tout à coup du mal d'enfant. Si la pauvre femme se trouva alors bien peu à son aise, on doit comprendre que mon père passa aussi lui-même un assez vilain quart d'heure. Comme il n'y avait pas moyen pour lui d'abandonner la place, il se retourna en jetant un regard suppliant à gauche, dans les vignes de Château-Neuf, où fort heureusement il aperçut Fanfan Griselit, notre voisin, qu'il se mit à appeler de toutes ses forces, en criant au secours.

Fanfan Griselit arriva et repartit aussitôt en souriant pour aller chercher la sage-femme au village. A l'instant où celle-ci et le voisin tout essoufflés se trouvèrent au bas de la vigne, ils aperçurent, au milieu des bourgeons en feuilles lui montant jusque sous les bras, mon père qui leur montrait quelque chose d'un air de triomphe et qui leur criait tant qu'il pouvait : — Voici le merle! voici le merle! Le merle, c'était moi, bien entendu.

La sage-femme, sans reprendre haleine, s'empressa autour de ma mère, en dépêchant Fanfan Griselit au moulin, à l'effet de s'y procurer les moyens de transporter la malade. Un instant après, Fanfan revint tout en nage, avec une table de sapin et un oreiller sur le cou. On étendit sur la table les paquets de bourgeons de vigne qui avaient été abattus depuis le matin, on glissa ma mère sur ce matelas de verdure, en réservant l'oreiller pour lui soutenir la tête; on lui rabattit son tablier sur la figure, pour la préserver du soleil, et les deux hommes l'enlevèrent ainsi comme sur une civière. Quant à moi, j'ouvrais alors, à ce qu'il paraît, la marche, enveloppé dans les bras et le tablier de la sage-femme, et criant déjà comme un aveugle. Il était alors à peu près midi; le cortège rencontra, en rentrant au village, une procession de femmes qui allaient porter le dîner à leurs maris dans les vignes.

— *Jeu* [1] ! Mais qu'est-il donc arrivé, Pierre Joset ?

— Ce qui est arrivé ? Eh bien! pardié, n'entendez-vous pas le merle qui chante là-bas dans les bras de la sage-femme ?

— *Jeu* !... Pauvre Pélagie, à la vigne!... Et vous dites, Pierre Joset, que c'est un...

— Un merle! encore une fois. Oui. Etes-vous sourde ? S'il n'est pas bon vigneron, celui-là, ce ne sera pas pour avoir commencé trop tard son apprentissage.

Comme ma mère était forte et vigoureuse, elle ne tarda pas à se trouver complètement remise. Mon père était si content d'avoir un garçon, qu'ayant rencontré, le dimanche suivant, M. Groscler, notre maître, lisant les affiches sur la place, il n'hésita pas à le prier de vouloir bien me servir de parrain. M. Groscler accepta, et le baptême fut célébré le soir même après vêpres. Là, on ajouta à mon nom patronymique de Péchard le prénom de mon parrain, Stanislas, qu'on ne tarda pas à rogner d'avant et d'arrière, de manière à n'en plus laisser qu'un tronçon qu'on avait bien soin de prononcer en sifflant : *Tanisse,*

Mon père s'appelait donc Pierre-Joset Péchard; mais comme il était fortement grêlé, on le désignait communément par le sobriquet de *Vacciné.* Ma mère s'appelait Pélagie. En parlant de nous dans le village, on disait tout simplement : « Chez le Vacciné. » Mes parents étaient bien pauvres tous deux à l'instant de leur mariage; mais à force de travail et d'économie ils arrivaient, dans les bonnes années, à nouer à peu près les bouts. Quand la récolte était mauvaise, c'était leur maître qui leur avançait quelque argent

---

1 Abréviation de Jésus.

pour aller acheter du blé le mardi au marché d'Ornans, sauf à être remboursé tant par des journées de travail à son service particulier tout le long de l'année que par le prix ou l'abandon d'une partie de la vendange à la récolte suivante.

Notre maison se trouvait dans une ruelle étroite de Vuillafans, aboutissant au haut de la rue Charrière. Elle n'était pas brillante. Tout le logement se résumait dans la cuisine et le *poêle*, ou chambre d'habitation. Comme la grande cheminée de la cuisine fumait beaucoup, on était obligé de reblanchir de temps en temps les murs du poêle au moyen d'un balai trempé dans la chaux vive. Au-dessus était le grenier, où l'on hissait de la rue les paquets de foin et les fagots de sarments au moyen d'une poulie, et au-dessous, à cinq pieds sous terre, l'écurie de notre chèvre, par où il fallait passer pour aller à la cave. Pendant toute ma première enfance, je couchai au poêle, dans un petit lit d'osier, au pied de celui de mes parents. Plus tard on me relégua à la cuisine, dans une espèce d'alcôve, sous l'escalier qui conduisait de la cuisine au grenier.

Mon père avait été soldat. Il avait rapporté du service l'habitude de fumer, une grande habileté à battre la caisse, et toutes sortes d'histoires de caserne. C'était lui qui faisait, au son du tambour, les annonces par le village, et la caisse de la commune, qu'il avait soin de tenir toujours bien propre, était, au-dessus du buffet du poêle, le plus bel ornement de cette pièce. Comme gagne-pain, mon père joignait donc à la culture de la vigne la profession de crieur public, et ma mère, celle de laveuse de lessives. Autant ma pauvre mère était économe, autant mon père était enclin à dépenser l'argent pour boire, quand il en trouvait le prétexte. Aux approches de l'hiver, quand le vin nouveau commençait à être buvable, il lui arrivait assez souvent le dimanche d'inviter un ami, en m'envoyant chez la bouchère acheter quelques morceaux de ragoût tout cuit et tout fumant, dont l'invité était censé faire la dépense; mais j'ai tout lieu de croire que la plupart du temps ce n'était là qu'un moyen commode pour mon père de se mettre en garde contre les reproches de prodigalité qu'aurait pu lui adresser ma mère. Comme je participais toujours à la fête, je n'avais garde de laisser deviner mes soupçons, ne comprenant pas alors que l'on pût accueillir un instant de joie avec une mine aussi maussade que celle que faisait ces jours-là la pauvre femme.

Dès le bas-âge, mon père m'avait appris à boire un verre de vin d'un seul trait, en baisant ensuite le dessous du verre avant de le remettre sur la table. Je faisais cela avec l'adresse grave et mécanique d'un chien qui happe le morceau de sucre qu'on lui a mis sur le bout du nez en le menaçant du doigt, et toutes les fois aussi mon tour de force était couvert de nouveaux applaudissements. Mon père me regardait alors avec des yeux baignés d'un fluide étrange, et son compère s'écriait infailliblement : — Quel gaillard ça va faire tout de même! Là-dessus arrivaient les histoires de vieux soldat. La plus fréquemment répétée, c'était celle du poulailler :

« Pour lors, disait mon père, nous étions donc dans la plaine de Leipzig depuis deux ou trois jours à nous regarder dans le blanc des yeux avec les Russes et les Prussiens, comme deux chats qui vont se sauter dessus. Dans notre corps d'armée, on ne savait plus ce que c'était que des distributions de vivres. J'avais le ventre aussi creux que mon tambour. Un matin, voilà-t-il pas un brigand de poulet, c'est-à-dire un coq, qui vient montrer son nez à une portée de fusil de notre campement! Moi, je ne fais ni une ni deux; je regarde si on m'observe, et je me mets à courir sur le coq. Je ne savais d'où il venait; seulement un coq, il me semblait que ça pouvait faire supposer des poules, les poules une écurie, une cuisine, des pots de beurre, des omelettes, des bandes de lard, un tourne-broche et tout le tremblement. Me voilà donc à galoper à travers les haies. Un autre tambour *de chez nous* me venait après avec un grand sac. Voilà que bientôt, à force de poursuivre le maudit coq, nous apercevons une église, puis une maison à côté. Le coq s'élance, comme si le diable était à ses trousses, dans son poulailler. — Bon ! que je dis au tambour *de chez nous*, il paraît qu'il y a gras. Je parie que c'est une cure, ici ! Tiens, toi, mets-toi là au trou avec ton sac; moi, je vais entrer dans l'établissement et les faire dénicher. Tu les ensacheras au fur et à mesure qu'elles sortiront, et quand le sac sera plein, nous irons les plumer à l'aise.

« Voilà donc que je m'enfile par le trou comme par la porte d'un tonneau. Ce n'était pas là le difficile ; mais une fois dedans, voilà toutes ces scélérates de poules à se démener comme des diables dans l'eau bénite. Plus moyen de voir ni d'entendre goutte. Pendant que je cherchais à m'orienter, tout à coup une porte s'ouvre, une grosse fille se montre en criant au secours, et derrière la fille un grand diable de curé arrive avec un trident. — *Was machen sie da ?* qu'il me dit en allemand, ce qui signifie à peu près : Qu'est-ce que vous faites là ? — Je voulais leur répondre que je leur avais tout bonnement ramené leur coq, mais je m'aperçois qu'ils ne sont pas d'humeur à donner là-dedans, sur quoi je m'empresse de redonner moi-même de la tête par le trou pour sortir au plus vite. Voilà-t-il pas que l'autre, le tambour de chez nous, en voyant paraître quelque chose, n'a rien de plus pressé que d'ouvrir son sac tout au large, et de me faire plonger dedans bon gré mal gré, tandis qu'à l'intérieur je sentais ce brigand de curé qui me labourait avec son trident! J'aurais eu à mes trousses trente-six chiens enragés, que je n'eusse certes pas braillé plus fort. Cet imbécile de tambour finit cependant par comprendre, et me tira de toutes ses forces par les épaules pour me dégager, mais l'autre me retenait par la patte. On peut comprendre que je n'étais pas à la noce. Enfin suffit. Je finis par sortir à peu près au complet. Quand une fois je fus dehors, je me remis, par le trou, à invectiver contre mon brigand de curé, en lui promettant bien que sous peu il aurait de mes nouvelles ; mais, hélas ! le lendemain au soir le *brutal* chantait. Sept ou huit cents bouches à feu! un train du diable ! Les Russes, les Prussiens, les Autrichiens et même les Saxons, puis la retraite, et bonsoir! Si bien que j'en ai été pour mes coups de trident, et que le curé a conservé ses poules.»

Une pareille histoire, racontée, pendant vingt ans, deux ou trois fois par mois, dans les mêmes termes et avec les mêmes inflexions de voix, peut bien sans doute devenir un peu fastidieuse : cela n'empêche pas que sitôt que je fus en âge de la comprendre, elle m'intéressa fortement, et dans le regret qu'inspirait alors la déroute de Leipzig à mon jeune patriotisme, la douleur de penser que mon père n'avait pas pu rendre au curé ses coups de trident, comme il se l'était promis, entrait pour une bonne part.

Bientôt vint le moment d'aller à l'école. Le maître d'alors était un petit homme court et gros, à tête chauve et à mine fleurie, qu'on appelait le *maître Pernet*. A Vuillafans, la maison commune, où se trouvent la salle d'école et l'habitation du maître, est située sur la rive gauche de la Loue, à une extrémité du village. Pour aller de l'école à l'église, il faut traverser le Champ-de-Mars, le pont et la place. Il me semble encore voir le maître Pernet, avec ses petites jambes arquées, arpenter tout cela en sautillant agréablement sur la pointe des pieds, et en ôtant son grand chapeau-tromblon à tous ceux qu'il rencontrait, ce qui faisait alors voltiger au vent les quelques mèches de cheveux fins qui lui restaient sur la nuque. Soit qu'il s'agenouillât trop souvent, soit que ses vêtements ne fussent pas d'une bien bonne coupe, son pantalon portait une si forte empreinte de ses genoux, qu'il avait toujours l'air d'être trop court. Le bonhomme avait pour moitié une femme à figure en lame de couteau, aussi osseuse et décharnée qu'il était lui-même rondelet. Cette femme avait nom Madeleine; nous autres écoliers, nous l'appelions entre nous Bas-de-Laine; pour le maître, en parlant d'elle il disait toujours : « Mon épouse. » Madeleine n'avait pas d'enfants. Le ciel, sous ce rapport du moins, semblait n'avoir pas béni ses amours; aussi le trop-plein de son cœur était-il obligé de se rabattre sur un petit roquet gros comme une carotte, avec des jambes fluettes et élancées comme celles d'une araignée. Il s'appelait Azor. Quand il marchait, c'était d'une façon si singulière, que son arrière-train arrivait toujours au but en même temps que son museau. Azor et Madeleine avaient la voix aussi criarde et chevrotante l'un que l'autre. Ils avaient évidemment été faits l'un pour l'autre, aussi Madeleine l'aimait-elle beaucoup, bien qu'elle réservât cependant encore une bonne partie de ses affections pour sa chèvre. La chèvre, Azor et Madeleine, tout cela ne faisait qu'un autrefois dans la réalité, d'où il résulte tout naturellement que cela ne fait qu'un aujourd'hui dans mon souvenir.

La salle de classe semblait avoir été formée de trois pièces contiguës qu'on avait réduites à une seule en supprimant les cloisons. Les murs en étaient si délabrés, qu'en maint endroit les pierres se montraient à nu, aussi tristes à voir que les genoux et les coudes d'un mendiant par les trous de sa défroque usée. L'estrade du maître d'école était appuyée contre la fenêtre du centre. le dos de sa chaise formait un petit buffet à deux portes dont la clé ne le quittait jamais. D'un côté de ce buffet pendait un fouet terminé par une gerbe de grosses ficelles à nœuds. Dans cette classe, il n'y avait de tables que pour les grands; les petits restaient assis sur des bancs le long des murs, et étaient obligés d'apprendre leurs leçons sur leurs genoux. Aux rares instants d'étude, toute la salle bourdonnait comme une ruche d'abeilles, mais il suffisait aussi du moindre prétexte pour y faire éclater le plus affreux vacarme. Parfois un chaudronnier auvergnat, se trompant de porte, entrait brusquement avec tout son bagage d'entonnoirs, de cafetières et de soufflets sur le dos, en demandant imperturbablement a si on n'avait rien à raccommoder par là. » Le maître Pernet dans ce cas devenait furieux, car nos vociférations prenaient des proportions si violentes, qu'il était obligé de taper à tour de bras sur la table pendant dix minutes avec son manche de fouet, en pestant contre nous, avant de parvenir à rétablir le silence. L'apparition de Madeleine, en société d'Azor et de la chèvre, était toujours aussi pour nous une excellente aubaine en ce genre, d'autant mieux que le maître n'osait guère se fâcher devant sa femme. Les uns prenaient alors la chèvre par les cornes, par la barbe ou par la queue, pendant que d'autres agaçaient le chien. Il en résultait un tel tohu-bohu, que les deux époux étaient obligés de crier pour se comprendre.

Sans doute, il nous eût fallu rester bien longtemps à une académie pareille pour devenir de grands grecs. Toutefois, comme, sans trop me flatter, j'étais un des premiers de la classe, je me trouvai à dix ans savoir lire et écrire à peu près couramment. Aussi, quand il y avait quelque arpentage à faire dans la commune, était-ce toujours moi qui portais la chaîne. La maison de M. Groscler, notre maître et mon parrain, se trouvait au bout du pont, de l'autre côté du Champ-de-Mars, c'est-à-dire parfaitement en vue de la fenêtre supérieure de la salle de classe. Souvent, au lieu d'apprendre ma leçon, je restais les yeux tournés de ce côté. D'habitude, je voyais en profil Mme Groscler y travailler à sa fenêtre. Quelquefois aussi j'y apercevais de face sa petite fille, Mlle Lucie. Mme Groscler était originaire de Besançon. Elle avait apporté, disait-on, une forte dot à son mari. C'était une grande femme à l'air fier et un peu replète, qui semblait ne se résigner qu'avec impatience à la vie monotone de Vuillafans. Je n'ai que trop bien appris à connaître plus tard ses dispositions à la coquetterie. Mme Groscler faisait à Besançon de fréquents voyages dans sa voiture, en société de mon père, qui lui servait de cocher. Cette dame, toutes les fois que je la rencontrais chez elle, où j'accompagnais souvent ma mère, m'intimidait au dernier point. Je la trouvais si belle dans sa toilette de grande dame, qu'elle me faisait toujours l'effet d'une princesse, et que j'osais à peine la regarder. Quant à M. Groscler, mon parrain, c'était un homme simple, tranquille et assez sans-façon. Il devait avoir au moins dix ans de plus que sa femme. Il la laissait maîtresse absolue de ses allures, et ne s'occupait guère que de son jardin, de sa cave et de la rentrée de ses fermages. Ma mine à la fois douce et éveillée l'intéressait. Tous les premiers de l'an, il donnait cinq francs à ma mère pour m'acheter des souliers neufs, et promettait que si j'étais toujours bien sage, il s'occuperait de moi plus tard. Mon père et ma mère faisaient grand cas de M. Groscler; mais ils n'osaient, non plus que moi, se prononcer sur le compte de madame. Leur vanité naïve se complaisait de temps en temps à l'entendre proclamer la dame la plus élégante et la plus riche de Vuillafans; ils attribuaient ses grands airs à son origine bisontine, et sa sévérité envers Mlle Lucie aux exigences naturelles d'une bonne éducation; mais ils n'allaient pas plus loin.

Un jour que Mme Groscler était apparemment occupée ailleurs, nous aperçûmes, en sortant de classe. Mlle Lucie, alors âgée de six ou sept ans, seule à la fenêtre, et s'adonnant avec ivresse au plaisir de faire des bulles de savon. On était alors au mois de mai. Les hirondelles tourbillonnaient dans les airs avec les papillons. Une brise fraîche faisait frissonner les feuilles des saules alignés en rideau devant la maison de M. Groscler, le long de la rivière. Sur le pont, deux ou trois chasseurs épiaient, leur fusil à la main, les truites qui s'émillaient dans les eaux limpides, et en ce moment tout ensoleillées, de la Loue. Les bulles de Mlle Lucie, emportées par la brise, s'en allaient voltigeant jusqu'au milieu du Champ-de-Mars. Elle soufflait dans son chalumeau de si bon cœur, que ses joues se gonflaient comme deux petites pommes roses au milieu de ses mèches de cheveux, qu'elle rejetait de temps en temps en arrière par un mouvement de tête plein de grâce. Nous autres écoliers, nu-pieds et sans veste pour la plupart, nous n'eûmes naturellement rien de plus pressé que de jeter nos livres pour courir, les bras étendus, au-devant de ces merveilles aériennes. En un instant, nous nous trouvâmes tous rassemblés en demi-cercle sous la fenêtre de Mlle Lucie, qui, s'animant peu à peu comme cela arrive toujours à ce jeu singulier, riait aux éclats de nos gambades. Comme j'avais fini, à mon insu, par être beaucoup plus occupé d'elle que de ses bulles de savon, mes poursuites, à ce qu'il paraît, n'étaient pas heureuses.

— Attendez, Tanisse!... en voici une belle pour vous! me cria-t-elle tout à coup, et aussitôt elle se mit à souffler avec une ardeur nouvelle. Ce caressant appel m'avait réveillé. J'attendais avec impatience que la bulle se détachât, et je m'élançai à sa poursuite avec un sentiment de bonheur indicible. La bulle s'envolait dans la direction de la rivière. Je l'aurais poursuivie à travers les flammes, et rien ne me prouve que je ne me fusse pas élancé à l'eau pour l'atteindre si elle ne se fût brisée tout à coup contre la margelle du pont.

Quand je revins sous la fenêtre, Mlle Lucie n'y était plus. Mme Groscler était survenue. Je l'entendis tancer vertement sa fille de s'amuser ainsi avec de *petits polissons*. Au même instant, la fenêtre se ferma; mes camarades intimidés se dispersèrent, et je rentrai chez nous tout capot. A partir de ce moment, ce ne fut plus seulement de la timidité, ce fut une haine sourde que je ressentis devant Mme Groscler.

Chaque printemps ramenait l'époque de la lessive chez notre maître. C'est ma mère qui y jouait le rôle principal, les deux servantes de la maison ayant assez de leur besogne journalière. Ma mère m'utilisait d'ordinaire pour l'*enlessivage*. Comme la cuve était fort grande, je montais dedans nu-pieds pour mieux disposer le linge à mesure qu'elle me le tendait. Ma mère, tout en travaillant, ne cessait de vanter la finesse de ce beau linge et les multitudes d'aunes de toile qu'il avait fallu pour le faire. Quant à moi, j'étais préoccupé d'autre chose. Je constatais à part moi qu'il avait un air beaucoup plus propre en arrivant à la cuve que le nôtre en sortant de l'armoire. Tant que durait le coulage, je venais à la cuisine basse manger avec ma mère. J'aimais à voir cette cuve si pleine à laquelle on était obligé d'ajouter encore des rallonges pour y superposer les cendres. J'aimais à voir blanchir en s'échauffant dans la chaudière le *lessus*[1] qui remplissait toute la cuisine d'une si épaisse vapeur quand on le versait tout bouillant sur la cuve, où il faisait voguer comme de petits bateaux les coques d'œuf égarées dans la couche de cendres. Mais c'est le jour du lavage surtout que j'étais heureux. Dès la veille, on avait apprêté au bord de la rivière, au Pré-Bailly, la place des laveuses, opération qui se réduit à creuser un petit réservoir dans les pierres du courant pour y rincer le linge dès qu'il a été suffisamment savonné et frotté sur le banc. L'instant

1   Eau de lessive

du lavage arrivé, on garnit ce réservoir d'un grand drap qu'on maintient au fond de l'eau avec des cailloux; les laveuses s'alignent en aval, et au bruit du beuglement familier des vaches qui arrivent à l'abreuvoir et des criailleries des canards battant des ailes ou se disant bonjour d'une rive à l'autre, la besogne commence. Ma hotte au dos, c'est moi qui assortissais les laveuses. Pendant ce temps-là, ma mère *indiquait* le linge, c'est-à-dire le passait à l'indigo avec une des servantes on le pendait dans les greniers, laissant sa place vide au bord de la rivière.

Un jour, j'arrivais ainsi chargé d'une énorme hottée de nappes toutes chaudes et fumantes, quand j'aperçus Mlle Lucie, qui lavait de toutes ses forces à la place que venait de quitter ma mère. Elle avait fait la lessive du trousseau de sa poupée, et se faisait un devoir de le laver elle-même. Tout à coup un faux mouvement fit tomber son grand chapeau de paille que le courant se mit à emporter comme une plume. — Mon Dieu! comme maman va me gronder! s'écria-t-elle d'une voix navrante. La grande Hirmine, l'une des laveuses, avait sauté au râteau pour repêcher le fuyard; mais il n'était déjà plus temps. C'est à ce moment que je débouchais au coin du pont avec ma hottée de nappes. A cette hauteur, la Loue n'a qu'une médiocre profondeur, mais cette profondeur augmente rapidement à mesure qu'elle descend sous la grande arche du pont. Avec cela, le chemin soutenu par un mur est de dix pieds plus élevé que le niveau de la rivière. J'avais, vu tomber le chapeau, j'avais aisément deviné le cri de Mlle Lucie. Affranchi tout à coup de ma hotte, je ne sais comment, je fondis par un élan machinal, mais irrésistible, sur le chapeau comme un tiercelet sur un poussin. Je tenais le chapeau, mais j'étais trop petit pour prendre pied, et comme j'oubliais de nager, je me sentais couler à la dérive. Cependant je revins à moi assez tôt pour saisir au passage l'arête verticale de la pile du pont contre laquelle je me dressai enfin tout joyeux en secouant ma chevelure ruisselante et en montrant fièrement ma capture, dont je me coiffai en passant sous le menton sa petite bride de ruban, puis en six brasses je me retrouvai au rivage.

La grande Hirmine, que je viens de nommer, tiendra trop de place dans ces souvenirs pour que je n'en dise pas tout de suite quelques mots. Son prénom véritable était, je crois, *Herminie*; mais les gens de Vuillafans avaient martyrisé ce nom-là sans plus de scrupule que le mien. Amie intime de ma mère, la grande Hirmine avait été longtemps domestique chez M. Groscler avant qu'il ne se mariât, et n'en était sortie qu'après l'arrivée de Mme Groscler. Celle-ci ne lui avait pas trouvé l'humeur assez souple pour obéir toujours sans observation. Il en était résulté une première querelle à la suite de laquelle elle avait pris congé. Le fait est que la grande Hirmine n'était pas facile à brider. C'était une grande femme déjà vieille, à la figure maigre, avec des pommettes saillantes, des yeux pétillans, une grande bouche édentée et un menton de ganache. Quand quelqu'un l'ennuyait et qu'elle en venait à planter ses poings sur ses hanches pour lui dire son compte, on en entendait de rudes, car la grande Hirmine passait pour la plus forte en gueule de tout le village. Tout cela ne l'empêchait pas d'avoir un cœur d'or pour ses amis, d'être toujours la première à prendre le parti des gens dans la peine et de se moquer parfaitement du *qu'en dira-t-on* ? Du reste, la grande Hirmine avait un certain instinct d'honnêteté qui ne la trompait guère. Quand on l'entendait crier bien fort, mon père disait toujours : — Bon! la voilà qui donne! l'assimilant ainsi à un chien de chasse qui vient de trouver la piste. En effet, on pouvait être sûr alors qu'elle venait d'éventer quelque turpitude.

La grande Hirmine avait eu environ mille francs de patrimoine, dont les intérêts, joints aux petites économies qu'elle avait faites pendant ses longues années de service, avaient abouti à lui constituer un revenu de quatre-vingts francs. Avec cela, elle vivotait dans une petite chambre, en y joignant ce qu'elle gagnait en allant à sa journée comme laveuse de lessive. L'hiver, elle venait souvent à la veillée chez nous, tant par amitié que pour économiser son bois et sa lumière. Mon père se plaisait à la taquiner sur ses prétendus besoins de mariage. La pauvre fille avait eu des amours malheureux, ou plutôt des amours *rentrés*, comme disait mon père; aussi le romanesque produisait-il sur elle le plus étonnant effet. M. Groscler me prêtait de temps en temps quelques livres que je lisais chez nous à la veillée. Mon auditoire habituel se composait de mon père aiguisant ses échalas, — de ma mère filant sa quenouille ou rapiéçant nos culottes, — de la Virginie Martel tricotant un bas, ainsi que de la grande Hirmine, et enfin de Félicien Griselit, mon intime ami, qui était chargé d'entretenir le feu. Comme alors je ne lisais encore qu'exactement plutôt que couramment, *Télémaque* nous dura un mois, d'autant mieux qu'à chaque séance venaient les réflexions. Dans le principe, la grande Hirmine avait tellement pris en grippe le sage Mentor, qu'elle lâchait quelques mailles à son tricot toutes les fois qu'il revenait en scène. Elle l'appelait un *vieux grigou*. Quand j'arrivai au passage où, pour faire sortir Télémaque de l'île de Calypso, Mentor le pousse par surprise dans la mer, la grande Hirmine faillit renverser la lampe en étendant les bras comme pour recevoir le fils d'Ulysse. Le lendemain, elle nous avoua qu'elle n'avait pas fermé l'œil de toute la nuit. Télémaque l'intéressait personnellement au dernier point. — A-t-il pourtant du guignon! s'écriait-elle avec un soupira chacune de ses mésaventures. Aussi fut-ce un grand soulagement pour elle que de le voir, à la fin du volume, arriver à l'île d'Ithaque, qu'elle appelait l'*île de Tictac*; mais alors elle fut tourmentée du besoin de savoir la suite. Je demandai cette suite à M. Groscler, qui, peu versé à ce qu'il paraît dans les choses littéraires, m'assura avoir prêté cet ouvrage à des gens sans ordre qui lui avaient égaré le second volume.

     ....

Un instant de halte. Je viens de relire les pages qui précèdent; ce sont des enfantillages. Pourquoi les ai-je écrites ? Je ne sais; mais que m'importe ? cela m'amuse, cela me repose; il ne m'en faut pas plus. Personne n'en saura jamais rien; personne par conséquent ne me demandera compte de mon encre ni de mon papier. Après tout, ma vie a été ce qu'elle a pu. Mes défauts, mes erreurs et mes vertus, si j'en ai, sont à moi. Je les garde et j'en accepte la responsabilité. Les expériences d'autrui ne profitent à personne. On ne peut déduire son sort que de son propre fond.

En définitive, si le présent et l'avenir se font noirs, pourquoi ne me retournerais-je pas vers ces horizons de l'enfance qu'illuminaient de si riants espoirs ? — De riants espoirs, dis-je ? Oui, au fait, j'y mettais assez de bonne volonté pour qu'ils me parussent tels. C'est la foi qui sauve, n'insistons pas trop là-dessus. Je n'avais sans doute pas besoin d'écrire tout cela pour me le rappeler, car j'y ai rêvé bien souvent depuis quelques années, sans m'imaginer nullement que je l'écrirais jamais. Cependant je suis content d'avoir commencé. Écrites, toutes ces petites choses me semblent maintenant plus réelles et plus près de moi. Dorénavant, quand je voudrai me souvenir, je prendrai ce manuscrit, qui me fera l'effet d'une lunette d'approche. Ce sera vivre, il est vrai, à reculons, à la manière des écrevisses, mais les écrevisses doivent avoir aussi bien que moi leurs raisons pour en agir ainsi. Il se peut qu'au fond elles soient plus sensées qu'elles n'en ont l'air. Et d'ailleurs qu'est-ce qui me prouve que ces mille petits riens soient moins importants que les billevesées qui mettent les hommes si fort en fièvre ? Rien n'est absolument grand, rien n'est absolument petit. L'absolu n'est pas de ce monde. Je ne puis, après tout, avoir foi au présent qu'à la condition de respecter le passé, car ce sont les minutes du passé qui, additionnées les unes; au bout des autres, me donnent aujourd'hui la somme totale du présent. Un sac de blé n'est formé que de petits grains de blé, une voiture de foin que de petits brins d'herbe, la mer que de petites gouttes : d'eau, le globe que de petits grains de sable, et l'éternité que de petites secondes.

Section II.

Aux approches du printemps, on nous prépara à la première communion. A l'école, chez M. Groscler et chez mes parents, j'entendais parler de cette préparation d'un ton si solennel, que je finis par me ranger à l'idée générale. La première communion joue à dix ans un rôle quelque peu analogue à celui de la conscription à vingt. L'une clôt l'enfance, l'autre ouvre l'âge viril. Quant à moi, j'avais alors onze ans. Mlle Lucie n'en avait que huit; cependant elle fut admise à communier avec nous. A force d'entendre dire :
— «Oh! quand Tanisse aura fait sa première communion, on fera ceci et cela, » je pris de mon importance personnelle un assez vif sentiment, que ne diminua certes point, aux approches de Pâques, l'arrivée de la tailleuse et du cordonnier. C'était la première fois qu'on me faisait des souliers sans clous. Le matin j'étais dans le ravissement en voyant le cordonnier déballer ses alênes, passer son fil à l'espagnolette de la fenêtre du poêle, puis enfin couper ses semelles et se mettre à l'œuvre. Pour tout au monde, j'eusse voulu pouvoir me dispenser ce jour-là de l'école. Quelle excellente leçon de cordonnerie j'aurais prise, et comme j'en eusse profité ! Deux jours après, ce fut le tour de la tailleuse. M. Groscler avait donné à ma mère une de ses vieilles vestes et un pantalon de drap. Mon

père prétendit qu'en retournant cette étoffe primitivement de prix, j'allais être *ficelé comme un préfet*. La grande Hirmine avait ajouté à tout cela une de ses cornettes de calicot blanc pour me servir de cravate. En m'embrassant pour me congédier, bien avant le premier coup de la messe, ma mère était profondément émue. Ces pauvres mères sont toutes les mêmes. Elles ont devers elles des réservoirs de tendresse dont on ne saura jamais le fond. Une bonne mère comme la mienne, cela m'a toujours paru la plus belle invention du Créateur.

Bientôt nous allâmes à la communion. Au moment fixé, nous ouvrîmes chacun la bouche, de manière à recevoir l'hostie sans qu'elle, touchât ni les dents ni les lèvres. Après les garçons vinrent les jeunes filles. C'est Mlle Lucie qui ouvrait la marche. Elle était habillée tout en blanc. En l'apercevant dans le grand voile de gaze qui l'enveloppait comme un nuage de la tête aux pieds, j'oubliai un instant tout le reste, et la communion, et la messe, et mes souliers neufs, pour ne plus me rappeler que ce qu'on m'avait raconté de plus beau jusqu'à ce jour sur les plus beaux anges du bon Dieu.

....

— Ah çà, Vacciné, demanda un jour M. Groscler à mon père, qu'est-ce que tu vas faire de Tanisse, maintenant que le voilà grand garçon ?

— Pardié! notre maître, vous pensez. bien que je n'en veux pas faire un banquier; il fera comme moi : il ira à la vigne.

— Tiens, vois-tu, si tu étais de mon avis, il me semble que ce serait dommage d'en faire un *va-t-aux vignes*. Je trouve qu'il est déjà pas mal savant pour son âge. Si tu voulais m'en croire, nous aviserions à autre chose.

— Pardié! notre maître, ce n'est pas la bonne volonté qui manque; mais il faut avoir *de ce qui glisse*, et vous savez bien...

— Écoute : il m'est venu une idée.

— Je ne dis pas le contraire.

— Il sait lire, écrire et compter ?

— Oh ! pour ça !

— Le maître et M. le curé m'ont dit qu'ils avaient toujours été bien contents de lui.

— Oh! je crois bien qu'il aura fait tout son possible.

— Eh bien ! mon cher Vacciné, si tu es de mon avis, je crois que je lui ai trouvé une place.

— Ah! ah ! vous êtes bien bon, notre maître.

— J'ai parlé à M. Joliot, le percepteur, qui le prendrait volontiers pour faire ses commissions.

— Ah ! ah ! pour courir chez les contribuables en retard, avec les billets jaunes ?

— Pour faire tout ce qui se trouvera; il faut un commencement partout.

— C'est juste. Eh bien ! ma foi, je n'ai rien contre.

— Il gagnera, pour commencer, six francs par mois, avec son dîner à la cuisine.

— Eh bien! pardié! c'est déjà quelque chose.

— Vois-tu, Vacciné, toi et la Pélagie vous faites comme moi, vous n'êtes plus tout jeunes. Le moment viendra où vous aurez peut-être bien de la peine à vous en tirer. Que Tanisse aille à la vigne, ça ne le mettra guère en état de vous aider sur vos vieux jours, tandis qu'avec une petite place, qui peut devenir quelque chose par la suite des temps... enfin voilà. J'ai promis à Tanisse de m'occuper de lui : tu vois que je suis homme de parole.

Mon cher parrain, je m'en aperçois seulement maintenant, faisait assez économiquement les choses; cela ne nous empêcha pas de lui en savoir le plus grand gré, et dès le lundi suivant je fus installé dans mon nouvel emploi. De ma vie je n'oublierai la joie que j'éprouvai au bout du mois à toucher mes premiers six francs et à venir les apporter à ma mère. Toutefois, en les lui remettant, j'eus soin de dire que la pièce de vingt sous qui dansait dans ma main avec la grosse pièce, comme un poulain autour de sa jument, serait pour acheter du tabac à mon père, qui, faute d'argent, fumait depuis quelques jours de la feuille de noyer. Ma mère gronda une fois de plus contre la pipe et les pipeurs; mais nous la laissâmes dire, et, mon père ayant eu à faire le soir une annonce non payée par le village, je crus remarquer que sa caisse résonnait beaucoup mieux depuis qu'il avait retrouvé du tabac.

Dans mes instants de loisir, qui étaient fréquents, j'étais toujours, comme précédemment, aux ordres de M. Groscler. Quand mon père avait affaire ailleurs, c'est moi qui allais à Ornans avec la voiture chercher et reconduire le maître de musique de Mlle Lucie; c'est moi aussi qui le soir apportais de la rivière l'eau pour arroser la salade du jardin. A pareille heure, ces dames venaient quelquefois travailler sous les pruniers qui bordaient les plates-bandes de fleurs devant les fenêtres donnant de ce côté. Le salon de M. Groscler était au rez-de-chaussée de plain-pied avec le jardin ; ce salon était éclairé par une fenêtre et une porte vitrée à deux battants. De ce côté, la maison était tapissée du haut en bas d'une grande treille dont les bourgeons touffus enguirlandaient en été toute la largeur des fenêtres. Quand ces dames étaient seules, elles ne disaient pas grand'chose; seulement, de temps à autre j'entendais Mme Groscler s'écrier avec humeur : — Mais, Lucie, tiens-toi donc droite ! Quelquefois aussi il arrivait des dames en visite ; alors on abordait infailliblement le chapitre de la toilette, le chapitre des servantes et le chapitre des demoiselles à marier; on parlait aussi de Mlle Lucie, de *son tour qui allait bientôt arriver*, et Mme Groscler ne manquait jamais de se récrier sur le peu de progrès que faisait sa fille, qui, depuis un an qu'elle étudiait le piano, ne savait pas encore *jouer une petite valse*. Le fait est que Mlle Lucie n'avait pas de dispositions pour la musique, ce qui n'empêchait pas Mme Groscler de regarder le talent de se tenir droite et de *jouer une petite valse* comme la plus belle garantie d'avenir.

Vuillafans est un pays de cerises; quand l'année est bonne, les riches propriétaires ont l'habitude de les faire cueillir à la moitié par leurs vignerons, c'est-à-dire que ceux-ci ont, soit en argent, soit en nature, la moitié de la récolte pour leur peine. C'est une opération difficile et dangereuse, car les chutes sont fréquentes. La majeure partie de ces cerises est distillée; le kirsch de Vuillafans est réputé dans les environs. Avec le reste, on fait une confiture spéciale au pays qu'on appelle de la *cougnarde*. Cette confiture se fait à pleine chaudière. On enlève le noyau des cerises en les froissant à la poignée sur un crible à baguettes, puis on remue le résidu dans la grande chaudière avec une forte pelle en bois, jusqu'à ce que le tout soit suffisamment réduit par l'évaporation. Ce remuage, qui dure toujours de longues heures, est fatigant et ennuyeux. Un jour que la grande Hirmine en avait été chargée chez M. Groscler, nous la vîmes arriver brusquement chez nous tout essoufflée.

— Qu'est-ce qu'il y a donc, Hirmine ? lui demanda mon père.

— Ce qu'il y a ?... Il y a... il y a qu'il est arrivé à midi chez M. Groscler deux chinois de Besançon, qu'il y en a un que je voudrais bien tenir tout seul au fond du vallon de Vergetôle, rien que pour lui faire voir quel joli quart d'heure il passerait!

— Et qu'est-ce qu'il vous a donc fait ?

— Il m'a fait... il m'a fait qu'il est venu à la cuisine basse avec madame, pour voir comment je faisais ma *cougnarde*. Vois-tu, mon cher Vacciné, une figure à souffleter tout de suite ? Un teint citron-moisi, des cheveux plats, des yeux cafards, un regard faux, une voix de chat; il a eu le toupet de venir débiter jusque sous mon nez des fariboles à madame, et madame, Dieu me pardonne, me faisait l'effet d'y prendre goût. Moi, vois-tu, ça m'a mis en fureur, parce que je lui en veux toujours à cette femme-là! Si elle avait eu le bon esprit de rester à Besançon, moi, je serais restée aussi où j'étais et d'où personne ne songeait à me renvoyer, au contraire. L'autre a voulu venir goûter ma *cougnarde*; moi, qui me sentais cuire dans ma peau, je lui ai fait sauter, à ce qu'il paraît, de la *cougnarde* toute bouillante sur la main. Alors il se fâche; moi, je l'envoie coucher. Il me donne un coup de pied; moi, je lui applique ma pelle sur la figure, et je le laisse se débarbouiller avec madame, qui hurle après moi comme une possédée. Pour le coup, tu dois comprendre que j'ai fait la croix sur la porte de cette maison-là, et que de longtemps je n'y rentre...

Le monsieur qui avait si désagréablement impressionné la grande Hirmine s'appelait M. Protet. Il n'était effectivement pas beau. C'était un homme de trente-cinq à quarante ans. Je ne sais si cela venait de ce que les opinions de la grande Hirmine avaient déteint sur moi, mais le fait est qu'à première vue je me sentis mal à l'aise en le regardant. C'était un de ces hommes aux manières visqueuses qui soulèvent le cœur aux gens de mon espèce. On le disait avoué à Besançon. L'autre monsieur était ingénieur des ponts-et-chaussées. Il venait dans le vallon pour y faire les premières études de la belle route de Besançon à Pontarlier qui s'est exécutée depuis. Comme il lui fallait quelqu'un pour porter son attirail, M. Groscler m'avait recommandé à lui. Je l'accompagnai dans les rochers de

Mouthiers à toutes ses excursions.

La visite de ces messieurs se renouvela plusieurs fois pendant l'été. En automne, ils voulurent aller une fois à la chasse aux alouettes dans la plaine de la Barèche, au-dessus de la côte d'Échevannes. C'est moi qui fus chargé de les accompagner pour tirer le miroir. Je vins les prendre chez M. Groscler à quatre heures du matin. Il fallait être là-haut de bonne heure pour profiter du soleil levant. Leurs beaux carniers de chasse avaient été garnis de vivres dès la veille. Cependant, quand j'arrivai, je trouvai Mme Groscler déjà levée, et faisant à ces messieurs les honneurs de son chez elle en mantelet blanc et en cornette du matin. Je me passai au cou le carnier de M. Protet, et nous partîmes. Cinq quarts d'heure après, nous étions en position de chasse, assis au pied d'un buisson, le miroir planté en terre à quinze pas en avant. Il avait fait une petite gelée blanche qui argentait légèrement tous les chaumes de la plaine. Bientôt le soleil sortit des brouillards du côté de la source de la Loue. Les alouettes, depuis longtemps éveillées, le saluèrent par un redoublement de cris joyeux. La journée promettait d'être bonne. Je me mis à tirer ma ficelle, et le miroir commença à lancer ses fusées de rayons éblouissants. Quelques minutes après, cinq ou six alouettes battaient des ailes en planant au-dessus, presque immobiles, avec de petits cris de désireuse angoisse. Deux coups de fusil partirent. Une seule alouette tomba. M. Protet avait manqué. Un instant après, la même décharge se renouvela avec le même résultat. M. Protet avait encore manqué. On rechargea les armes sans bouger de place, et la manœuvre se continua ainsi pendant une heure et demie. J'aurais bien voulu prendre à M. Protet son beau fusil double pour voir si je ne serais pas plus adroit, mais je n'osai. L'ingénieur tuait à peu près à tout coup; M. Protet ne réussit que quelques fois. Bref, quand les alouettes cessèrent de donner, nous nous levâmes enfin tout engourdis pour les ramasser et déjeuner. Il y en avait vingt-sept. Le soleil arrivait au haut du ciel.

Au retour, nous trouvâmes les bestiaux d'Échevannes à l'abreuvoir, les paysans allant à la charrue, et les haies du village remplies de moineaux criards. Au-dessus de la côte, nous nous arrêtâmes pour admirer le beau paysage qui s'ouvrait à nos pieds, les maisons grises de Vuillafans groupées comme un troupeau autour du gros clocher bourru, les cerisiers des prés dont les feuilles commençaient à rougir, et le petit brouillard qui se traînait encore sur la Loue, puis enfin nous descendîmes par les sentiers. En arrivait au bas de la côte, nous aperçûmes Mme Groscler qui venait à notre rencontre en grande toilette et avec son ombrelle. Elle nous salua de loin en agitant son mouchoir. M. Protet doubla le pas pour arriver le premier près d'elle. — Pauvre ami, tu as bien chaud, lui dit discrètement Mme Groscler en l'abordant. Puis l'ingénieur nous rejoignit, et il ne fut plus question que de nos exploits. J'attribuai d'abord cette familiarité à quelque parenté entre eux; je n'ai que trop bien su depuis qu'il n'en était rien.

Mes appointements chez le percepteur avaient été portés à dix francs par mois; mais, à mesure que je grandissais, je sentais grandir aussi mes préoccupations de l'avenir et l'évidence de la nécessité où j'étais de gagner davantage. Aussi, quand l'ingénieur offrit de me prendre avec lui à Besançon, acceptai-je aussitôt. J'avais seize ans; il était garçon. Les trois cents francs qu'il me proposa me semblèrent une fortune, d'autant mieux que je devais avoir mon lit dans un cabinet attenant à sa chambre, et que sa défroque devait servir à mon entretien. Il ne restait donc plus à ma charge que ma nourriture. Avec presque un franc par jour, il me semblait que j'allais mener une vie de Cocagne. Les vêtements de rebut de l'ingénieur me semblaient bien devoir être un peu trop grands, mais je me disais qu'en repliant le pantalon comme quand on a à traverser un chemin boueux, et les manches comme quand on veut se laver les mains, je ne tarderais pas, en grandissant, à m'y trouver tout à fait à l'aise. Cependant je ne pouvais non plus laisser en dehors de mon budget l'obligation de prélever sur ma paie la part de mes parents. Au moment de les quitter pour entrer dans une vie qui me semblait devoir être si fastueuse, je me rendais mieux compte que jamais de ce qu'il y avait de misères dans la leur. Aussi me promettais-je bien de leur envoyer au moins cent cinquante francs par an; mais je comptais sans mon hôte. La vie se trouva plus chère à Besançon que je ne l'avais cru, et je ne parvins à économiser soixante francs la première année que grâce aux bontés d'une cuisinière de Vuillafans en service à Besançon, qui avait toujours quelques gouttes de bon bouillon à me donner quand j'allais la voir.

J'avais bien trouvé une petite pension d'ouvriers où l'on mangeait assez copieusement et à bon marché; mais, comptant sur la vigueur de ma santé, je n'y allais que tous les deux jours afin de moins dépenser. Les jours intermédiaires, je me contentais d'une livre et demie de pain qui me coûtait cinq sous, d'un morceau de fromage qui me coûtait deux sous, et de l'eau de la fontaine qui ne me coûtait rien. Le lendemain, il est vrai, j'avalais une soupe formidable, avec des légumes à l'avenant, sans compter que ces jours-là aussi j'avais toujours un petit morceau de bœuf bouilli, qui ne pouvait manquer de me sembler du luxe, quand je pensais qu'à pareille heure mon père dînait probablement d'une croûte de pain frottée d'ail ou d'une écuelle de lait caillé de notre chèvre. Par moments, il me venait bien quelque scrupule de manger peut-être un peu plus que pour mon argent, mais je me rassurais en me disant que le maître de pension devait toujours pouvoir s'en tirer sur l'ensemble de ses pratiques. De cette façon, ce n'était plus de lui que je profitais, c'était du superflu de mes commensaux. L'ingénieur avait une petite bibliothèque; dans mes instants de loisir, j'usais largement de la permission qu'il m'avait donnée d'y puiser. C'est là que j'ai commencé mon éducation.

Le jour de la Fête-Dieu, je reçus à Besançon la visite de la grande Hirmine. Elle me donna le désir de voir la procession comme le seul motif de son voyage, mais je comprends bien maintenant que je l'intéressais au moins autant que la procession. Pour arriver à huit heures du matin, à pied, il avait fallu qu'elle partît au moins à trois heures. Elle m'apportait une paire de chaussettes bleues tricotées par ma mère, et un demi-litre de *maquevin* [1] pour son propre compte. Nous courûmes pendant quelques instants ensemble pour voir sur différents points le défilé de la procession; mais, quand nous arrivâmes dans la rue Saint-Vincent, près de l'hospice des enfants-trouvés, elle se retourna brusquement en me disant qu'elle en avait assez. C'est par elle que j'appris alors que mon ami Félicien Griselit faisait la cour à la Virginie Martel, et qu'ils se marieraient sans doute aussitôt qu'il aurait tiré à la conscription. Ne sachant point encore par moi-même ce que c'était que l'amour, je n'avais guère pu le deviner chez les autres; aussi ces préoccupations si précoces de mariage chez un jeune homme de mon âge me semblèrent-elles toutes drôles. La grande Hirmine m'apprit également que Mlle

---

1 Vin cuit mélangé d'eau-de-vie.

Lucie était depuis Pâques au *Sacré-Cœur* de Besançon; puis, le soir, elle repartit à la fraîcheur. Le plaisir de m'avoir vu semblait lui avoir fait oublier ses cinq lieues du matin.

....

J'avais pour commensal, dans ma pension, un jeune homme de mon âge qui s'appelait Pidoux. Il venait d'entrer comme apprenti dans une imprimerie; je le rencontrais déjà depuis assez longtemps là, mes jours *de dîner*, lorsque je me hasardai à lui adresser la parole, chose que sa turbulence et ma timidité avaient toujours empêchée. La glace une fois rompue, les confidences allèrent bon train. Il s'informa de ce que je faisais et de mes ressources. Je lui répondis de mon mieux, et d'un ton qui dut lui prouver combien je lui savais gré de cet intérêt. Plus habitué que moi, à ce qu'il paraît, à apprécier les convenances de la vie et à déduire l'avenir du présent, il ne tarda pas à me démontrer qu'eu égard à ma situation de famille, je m'engageais dans une direction qui ne me convenait nullement. Après six pénibles mois d'apprentissage, Pidoux était arrivé à gagner trente sous par jour dans une imprimerie; il comptait bien arriver à trois ou quatre francs et même six. — Fais comme moi, me dit-il, à moins que tu ne tiennes absolument au plaisir de casser des pierres sur les routes. — Six francs par jour! Je sentis les larmes me venir aux yeux. Si je l'eusse osé, j'aurais embrassé Pidoux, Six francs par jour ! Pendant quarante-huit heures je ne cessai de répéter à part moi ces quatre mots, mais aussi, à supposer qu'on me reçût à l'atelier, comment faire pour vivre pendant six mois d'infructueux apprentissage ? Bien résolu à ne pas manquer une occasion si belle, et cependant ne sachant non plus à quelle autre porte frapper, je me décidai à écrire mes projets et ma situation à mon père, en le priant de me renvoyer, si cela était possible, ce qui lui resterait de ma dernière offrande, accompagnant tout cela de la promesse de lui rendre la somme largement dans le plus bref délai. Hélas ! j'avais compté sans les gardes forestiers et les amendes. Mon père avait été pris à faire des échalas dans les bois d'Ornans, et tout l'argent sur lequel je comptais y avait passé. Quatre jours après, je reçus trente-cinq francs, mais, pour les réaliser (je ne le sus que plus tard), mes parents avaient été obligés de vendre leur chèvre, ainsi que la provision de foin qui lui était destinée pour l'hiver; encore la grande Hirmine avait-elle tiré les cinq francs de sa propre bourse.

Quand je donnai avis de mes projets à l'ingénieur, il finit par les approuver en me glissant dans la main dix francs de plus que ce qu'il me devait. Voilà comment je devins imprimeur au lieu d'être vigneron, comme au jour de ma naissance l'avait pronostiqué mon père.

Au bout de quatre mois, j'étais complètement acclimaté dans l'atelier où Pidoux s'était empressé de m'introduire; seulement ma bourse était à sec, quand un beau matin je vis arriver mon père. Il avait été si content d'apprendre que j'allais bientôt gagner rondement ma vie *en écrivant en lettres moulées*, qu'il avait voulu voir cela par lui-même. La forme d'une affiche réclamant *un chien perdu* se trouvant précisément sous la presse, je me fis un devoir d'en tirer moi-même un exemplaire pour mieux faire comprendre à mon père les procédés du travail de l'imprimeur. Il fut si enchanté de ma réussite, qu'il demanda combien cela coûtait. Quand il sut que cela ne coûtait rien, et qu'il pouvait s'en emparer, il plia l'affiche avec un vrai bonheur pour la porter à ma mère. Dans mes causeries avec Pidoux, j'avais eu occasion de lui raconter l'histoire du poulailler de Leipzig; aussi n'eut-il rien de plus pressé que d'inviter mon père à en donner une nouvelle édition à tous nos camarades. Mon père ne se fit pas prier. Son air de satisfaction naïve, dans un accoutrement qui n'accusait que trop bien sa position précaire, s'encadrant tout à coup dans le souvenir des guerres de l'empire, finit par toucher vivement mes confrères, et je les vis bientôt faire entre eux une collecte, avec le produit de laquelle on m'envoya chercher un panier de bouteilles de bière au café voisin. Mon pauvre père était aux anges. Quand il voulut partir, tout l'atelier vint lui serrer chaleureusement la main. Il m'embrassa en me félicitant de l'amabilité de mes camarades et en me remettant vingt-cinq francs gagnés par lui à cueillir les cerises de M. Groscler.

Deux jours après, tous les messieurs de Vuillafans payaient cinq sous au facteur pour une lettre imprimée sur laquelle se trouvait reproduite littéralement l'histoire du poulailler sous ce titre : *Une* Position délicate, souvenir intime du temps de l'empire, *par Pierre-Joset Péchard, dit* le Vacciné. *C'est moi qui avais livré toutes les* adresses à Pidoux, sans me douter de l'usage qu'on en voulait faire. Mon père reçut aussi son exemplaire, mais celui-là, l'expéditeur avait eu la politesse de l'affranchir. Cet envoi insolite aux messieurs de Vuillafans avait presque failli compromettre la position de mon père; cependant on ne tarda pas à reconnaître à sa mine sincèrement étonnée combien il était étranger à la chose. On prit alors le parti d'en rire, en oubliant les cinq sous payés au facteur, et mon père garda la caisse de la commune.

Au premier voyage que je fis à Vuillafans, après cette visite de mon père, je ne fus pas peu surpris de voir chez nous, au poêle, l'exemplaire du *Souvenir de Leipzig* collé au mur à côté de l'affiche du chien perdu. Cela me fit rire alors; mais maintenant voilà que je sens les larmes me venir aux yeux en pensant à l'ineffable tendresse paternelle qui avait présidé à tout cela. Les délicatesses du cœur sont un luxe que la misère interdit trop souvent aux pauvres gens aussi bien que les autres luxes; mais quand chez eux elles se font jour malgré la misère, c'est toujours d'une certaine façon, qui les rend d'autant plus touchantes.

Mon apprentissage était depuis longtemps terminé, et j'en étais arrivé à l'étape des trois francs par jour, ce qui m'avait mis à même de rembourser enfin mes parents de toutes leurs avances. Ils avaient retrouvé une chèvre, et mon père pouvait acheter tous les trois ou quatre jours son paquet de gros tabac. La grande Hirmine ayant refusé le remboursement de ses cinq francs, je lui achetai un joli foulard, qu'elle mettait en guise de châle tous les dimanches. J'avais pu aussi me procurer quelques livres, et, en continuant à vivre économiquement, je me sentais en position d'attendre assez tranquillement l'avenir, quand tout à coup je me trouvai en face de l'obligation de tirer à la conscription. Cette perspective me donnait bien quelque souci, car, malgré mes trois francs par jour, je ne pouvais me racheter, et si j'avais la main malheureuse, toutes mes belles perspectives, édifiées au prix de tant de peines, allaient s'en aller en fumée. Un tailleur, un cordonnier, un sellier, un maréchal, n'ont rien à redouter en ce genre; ils ne tardent pas à trouver au régiment l'exercice parfois très lucratif de leur industrie, et, quand arrive leur libération, ils retournent à la vie civile dans des conditions assez avantageuses. Il n'en est pas de même des imprimeurs. En tout cas, je ne fus pas long à me résigner : la résignation est la providence du pauvre.

Au jour fixé, j'arrivai à Vuillafans. Félicien Griselit faisait les fonctions de capitaine, et mon père tout naturellement servait de tambour. La veille, toute la colonne, composée de treize hommes, y compris mon père, était allée comme d'ordinaire dans les villages de la montagne, d'où ils étaient revenus ornés chacun d'une poule vivante attachée par les pattes entre les ailes de leur grand chapeau claque. Comme on s'attendait à ma venue, on m'avait aussi apporté ma poule. Mon père fut enchanté de me voir si résolu; ma mère, au contraire, était dans des transes mortelles. Elle avait déjà fait dire je ne sais combien de messes et brûlé je ne sais combien de bouts de chandelle, de compte à demi avec la Virginie Martel, devant l'autel privilégié de saint Nicolin, le patron de Vuillafans, sans se douter même, les bonnes femmes, qu'elles jouaient peut-être là un bien mauvais tour à ce brave saint en le mettant ainsi aux prises avec ce dieu aveugle et brutal — le Hasard, dont les décisions sont encore admises en tant de matières comme le dernier mot de la sagesse, dans cet étrange pays de France, qui se vante d'être le premier du monde ! Quant à la grande Hirmine, elle avait eu recours à un moyen homœopathique qui me semble aujourd'hui plus logique. Au hasard elle avait opposé les cartes, qui lui avaient appris que pour Félicien et pour moi tout irait au mieux, et c'est aussi ce qui arriva.

Je pus juger des angoisses antérieures de ma mère et de la Virginie aux transports de joie avec lesquels elles nous sautèrent au cou, quand elles nous virent revenir avec de simples bouquets de fleurs artificielles à notre chapeau, au lieu de deux ou trois grands plumets au moyen desquels cherchent à se consoler ceux qui ont eu la main malheureuse. Notre chèvre ayant fait depuis peu deux gros cabris, on les saigna sans rémission, et pendant deux jours la nappe ne quitta plus la table.

A la même époque. Mlle Lucie, âgée de dix-sept ans, était sortie du Sacré-Cœur, et j'appris bientôt qu'il était question de marier Mlle Lucie avec M. Protet. Notre voisin Félicien Griselit était au moment de réaliser ses projets conjugaux. La pensée de ce double mariage me jeta dans une tristesse étrange pendant que je revenais de Vuillafans à Besançon. Libre désormais de mon avenir, je commençais à me sentir seul. Jusqu'alors, toutes mes pensées avaient été absorbées par la violence du désir d'arriver au point où je me trouvais; maintenant j'avais atteint une position bien supérieure à tout ce que raisonnablement je pouvais espérer, et voilà que je recommençais à me sentir tourmenté d'horribles inquiétudes.

L'idée de voir Mlle Lucie mariée ne m'était jamais venue. Quand on m'apprit le projet de mariage avec M. Protet, il me sembla qu'on m'arrachait un morceau du cœur avec des tenailles. Jamais sans doute, dans le fond le plus intime de ma pensée, je n'avais eu l'outrecuidance d'élever la moindre prétention jusqu'à la fille de M. Groscler; cependant il me semblait voir un brouillard de sang passer devant mes yeux chaque fois que le nom de Lucie, ce nom que j'osais à peine articuler, s'accouplait dans mes rêves à celui de Protet. Le sentiment de ma position relativement précaire et subalterne me donnait des rages que je n'osais m'avouer à moi-même. Tout en cherchant à lutter contre ces dispositions sauvages, j'arrivais à découvrir en moi des amas de tendresses délirantes. Pour moi, jusque-là, ni la femme ni les femmes n'avaient existé, et maintenant toutes les femmes autres que Lucie me semblaient personnellement responsables de l'impossibilité où je me sentais d'arriver jamais à elle. Elles me faisaient horreur. Ah! si j'étais condamné à traîner toujours pauvrement et solitairement ma vie, de quel droit cet homme venait-il m'enlever brusquement ma dernière planche de salut, le calme de mon inconscience et de ma résignation ? Puisqu'il lui fallait une femme à cet homme, pourquoi venait-il s'interposer ainsi entre moi et la seule qui me semblât digne des adorations si pures qui bouillonnaient en moi ? N'étais-je donc pas assez misérable de me sentir à jamais un étranger, un *indifférent* pour elle ? Fallait-il donc y joindre encore le martyre permanent de la savoir aux bras d'un autre ? Et quel autre, aussi bien, serait dans le cas de l'aimer de l'amour dont je l'eusse aimée, moi ? — Moi, un *indifférent* pour elle ! Mais qu'est-ce qui le prouvait ? Combien de fois au contraire, pendant toute la durée de notre enfance, n'avais-je pas surpris dans sa voix, dans la douceur de son regard, dans la gentillesse de ses allures, la preuve évidente du contraire ? Si à tous les instants je m'étais senti si prêt à me sacrifier tout entier pour elle avec ravissement, avait-elle donc pu n'y rien deviner ? Non, c'était impossible; l'amour d'un côté ne saurait être que le pressentiment de la réciprocité de l'autre. Mon dévouement eût-il été à ce point absolu, si elle n'avait été, bien qu'à son insu, toute disposée à accepter ce dévouement, et peut-être même à le récompenser un jour ? Donc c'était moi qui avais dû être le premier occupant dans ce cœur naïf et pur, et l'autre, en intervenant, n'avait fait que me dépouiller d'un bien qui m'appartenait de par tous les droits les plus sacrés. Par quoi avais-je été séparé d'elle en définitive ? Par quelques milliers de francs. Pourquoi le sort, en nous destinant aussi manifestement l'un à l'autre, avait-il eu la maladresse de ne pas compléter mieux son œuvre ? Pourquoi n'était-elle pas née pauvre comme moi, ou moi riche comme elle ? Riche! qu'est-ce qui prouvait que je ne le deviendrais pas un jour par mon intelligence et mon travail ? Je ne serais pas le premier. De Lucie à moi, tout se réduisait donc à une question de temps. Pourquoi ne l'avait-on pas laissée m'attendre, comme c'était peut-être son désir ? On l'avait contrainte, c'était évident, et maintenant, au lieu du bonheur sans nom dont nous étions destinés à jouir l'un par l'autre, voilà que nous allions être, chacun de notre côté, éternellement malheureux!

Un mois plus tard, j'appris que la noce de Félicien et celle de Mlle Lucie avaient eu lieu le même jour, la première à six heures du matin et la seconde à dix. La première avait été très simple, mais très gaie; l'autre très pompeuse, mais assez triste. On me dit que Mlle Lucie avait été pâle comme un linge et avait eu les yeux rouges en descendant de voiture devant la porte de l'église. Son beau livre de prières doré sur toutes les coutures lui était alors tombé des mains, ce qui est regardé dans le pays comme le plus mauvais présage. Le bas de sa belle robe de soie blanche s'était même déchiré au marchepied. Toutes les vieilles femmes accourues pour admirer la mariée prétendirent que cet accroc du marchepied était certainement une invitation du ciel à ne pas aller plus loin. Pour Félicien, il avait choisi ce jour-là afin de profiter des pétards tirés en l'honneur de M. Protet sans dépenser de poudre. Un encombrement d'ouvrage à l'imprimerie m'avait servi de prétexte pour refuser son invitation. Quant à la grande Hirmine, il n'y avait pas eu moyen non plus de la décider à accepter.

. . . .

Un matin, en allant à l'atelier, j'aperçus au coin de la rue Moncey une dame voilée qui se dirigeait du côté de l'église Saint-Jean avec un livre de prières. Je crus reconnaître sa tournure, et au lieu d'aller à l'atelier, je me mis à la suivre. Au bout de quelques pas, tous mes doutes avaient cessé : c'était Mme Lucie. Comme on était au mois de juillet, sa mise du matin était simple, mais pleine de fraîcheur. A toutes les lacunes du trottoir devant les portes cochères, je voyais son pied, chaussé d'une bottine couleur puce digne de Cendrillon, apparaître discrètement sous sa robe. Elle était enveloppée dans un grand châle blanc qui laissait deviner tous les mouvements de sa taille. En haut, la nuque blanche et pleine de vie de son cou dégageait tout à l'aise une jolie bouclette de petits cheveux récalcitrants sous le bavolet du chapeau. J'avançais machinalement en me heurtant aux passants, qui avaient tout droit de me prendre pour un fou. Je me trouvai arrivé à l'église sans m'en être aperçu.

Mme Lucie prit une chaise et s'y laissa tomber sur ses genoux d'une façon hâtive qui me semblait révéler un certain accablement. Au lieu d'ouvrir son livre, elle mit ses deux mains sur ses yeux, et sembla se plonger ainsi dans une méditation profonde. Comme depuis quelques jours le temps était à l'orage, j'entendis inopinément au dehors le bruit des gouttières. Mme Lucie n'avait pas de parapluie. Comme la messe était à moitié dite, je m'empressai de sortir pour en trouver un à tout prix. Le mien n'était que de coton, c'est-à-dire lourd, et déjà tout déteint. Je courus chez Pidoux, qui en avait un superbe. Comme je rentrais à l'église, la messe venait de finir. J'étais percé jusqu'aux os. La préoccupation du chef-d'œuvre d'éloquence auquel je me croyais tenu en pareille passe m'avait fait oublier d'ouvrir le parapluie de Pidoux. Mme Lucie était toujours dans la même posture. Je m'approchai d'elle en retenant ma respiration, qui était devenue bruyante par l'effet de la course; je touchai légèrement du doigt son châle. Elle fit un soubresaut en se retournant surprise. Ses yeux étaient rouges. Cependant il me sembla qu'ils se rasérénaient un peu en m'apercevant.

— Madame, il pleut î... soupirai-je en lui présentant le parapluie. Tous mes beaux projets d'éloquence venaient d'échouer misérablement sur ces trois mots.

— Quoi! c'est vous, mon bon Tanisse!... oh! merci!

Enchanté de cette réponse, je m'étais aussitôt retiré à mon poste d'observation. Bientôt je vis Mme Lucie se retourner avec embarras. Elle m'aperçut et vint à moi.

— Mon bon Tanisse, vous ne m'avez pas dit où je dois vous le renvoyer.

— Si madame a la bonté de le prendre avec elle, je viendrai le rechercher ici demain.

— Eh bien! oui.

Là-dessus je me retirai tout à fait. J'étais sûr désormais d'entendre encore une fois Mme Lucie prononcer mon nom le lendemain. J'étais sûr même que pendant le jour sa pensée serait un peu occupée de moi. J'aurais embrassé volontiers tous ceux que je rencontrais, tant je me sentais heureux.

Section III.

Quelque temps après, je revenais de Pontarlier, où mon patron m'avait envoyé pour une quinzaine donner un coup de main à un imprimeur de ses amis. J'étais parti le soir, après ma journée finie, comptant venir coucher à Vuillafans, qui n'est éloigné que de quatre lieues, pour regagner Besançon le lendemain. A Pontarlier m'était arrivée la nouvelle de la mort de mon parrain, emporté subitement par un coup d'apoplexie. La nuit me surprit au-dessus de Mouthiers, à la naissance de la vallée de la Loue; mais la lune donnait, le temps était au beau, et, absorbé par le souvenir de cet homme simple à qui, en définitive, je me croyais à peu près redevable de la bonne direction qu'avait prise ma destinée, je laissai mes regrets et mes douleurs s'exhaler de mon âme comme un encens de reconnaissance au bruit du rugissement de la Loue dans le fond de cette gorge terrible qu'elle a à franchir dès ses premiers pas. Je ne prêtais aucune attention ni à la hardiesse du tracé, ni à la magnificence de décoration de la route que je suivais, quand je fus tout à coup rappelé à moi-même par la voix à moi bien connue de l'horloge de Vuillafans, qui sonnait lentement onze heures dans le lointain. Alors seulement je m'aperçus d'une certaine fatigue. La brise constamment fraîche au-dessus de la montagne, surtout après le coucher du soleil, me semblait s'être réchauffée insensiblement à mesure que je descendais. J'étais arrivé sous la Roche-du-Chêne. Je m'assis un instant au bord de la route.

La Loue en cet endroit forme brusquement un double coude

pareil à celui que décrit une baïonnette au bout de son fusil. Elle commence à s'assoupir en une nappe d'eau paisible, grâce à la grande écluse du Moulin-en-Haut, qui bruit incessamment à quelques pas. Les deux rives de ce joli bassin sont bordées de grands noyers inclinés qui semblent se mirer dans l'eau. Pendant tout le jour, on voit s'y refléter en sens inverse les deux coteaux boisés qui encaissent la Loue, et les nuages blancs y courir sur un ciel souterrain qu'on prendrait facilement, à première vue, pour celui d'un autre hémisphère. Rien ne trouble alors la superficie de ces belles eaux, si ce n'est l'aile bleue des martins-pêcheurs qui s'élancent au moindre bruit d'une rive à l'autre, ou les cabrioles des truites qui font la chasse aux mouches tant que dure le jour, et dont chaque saut ride cette glace humide d'innombrables cercles concentriques tout disposés à s'étendre ainsi jusqu'au bout du monde, si les pelouses du rivage le leur permettaient.

Le premier des deux coudes décrits ainsi par la Loue est causé par un rocher d'une vingtaine de pieds sur lequel passe un étroit sentier familier aux pêcheurs. Au pied de ce rocher, les eaux sourdes et verdâtres forment des entonnoirs permanents qu'il serait difficile de contempler longtemps d'en haut sans être pris de vertige. Ces entonnoirs correspondent, dit-on, à de grandes cavernes dans lesquelles habitent des truites et des ombres énormes. Un jour, un plongeur habile de Vuillafans voulut en avoir le cœur net. Il s'élance donc comme une flèche au fond du gouffre, pénètre dans ces cavernes et sent bientôt tout frétiller autour de lui. Fixer un de ces poissons par les ouïes à chacun de ses doigts et à chacune de ses dents fut l'affaire d'un clin d'œil; mais ce n'était pas tout : il fallait sortir. Vainement tâtonnait-il depuis quelques secondes à toutes les parois de la caverne ; il ne pouvait retrouver d'issue. L'agitation causée par son apparition subite avait troublé ces eaux si claires, et, malgré l'énergie prodigieuse de ses poumons, il commençait à n'en pouvoir plus. L'épouvante le saisit. Il abandonne sa prise en toute hâte et se met à bondir désespéré dans ces vagues sombres qui l'étouffent. Tout à coup un orbe lumineux reparaît au-dessus de sa tête, il rassemble tout ce qui lui restait de force, donne un vigoureux coup de jarret et se retrouve à flot. L'instant d'après, il était étendu, pâle comme un mort, sur l'herbe du rivage, se promettant bien qu'on ne l'y reprendrait plus.

Maintenant, que cela tienne à la voracité bien manifeste qu'accusent ces entonnoirs ou seulement à l'opiniâtreté qu'ils mettent à ne pas se laisser ravir leurs belles truites, toujours est-il que c'est ce gouffre-là qu'on appelle *le Gouffre-Gourmand.*

J'étais donc là, tristement assis, à méditer sur mon passé et mon avenir, en m'efforçant de conjurer la préoccupation involontaire de cette sinistre légende, quand tout à coup je vis apparaître à travers les cerisiers de l'autre rive une ombre noire qui en un clin d'œil se trouva debout, en plein clair de lune, au sommet du rocher. Au même instant, un cri aigu vint frapper mes oreilles. Je crus reconnaître la voix, et je bondis de terre comme électrisé en m'élançant vers le rivage; mais l'ombre avait disparu. Seulement la surface du gouffre était agitée, et j'en voyais sortir un sourd bouillonnement. Le doute ne m'était plus possible. Le gouffre venait d'absorber une victime. Je me sentis envahi subitement par une angoisse si déchirante, que, sans m'expliquer de quoi il pouvait s'agir, je jetai là ma veste et m'élançai à la nage dans la direction du bouillonnement. J'y arrivais à peine, que je me sentis saisi à la jambe par une main convulsivement crispée. Me rappelant alors quel danger il y a à, se laisser saisir ainsi en pareille occurrence, je secouai fortement la jambe, ce qui fît faire un nouveau plongeon à la victime que je voulais sauver. Plus sûr enfin de ma direction, je virai lestement de bord pour ressaisir cette main quand elle reparut à flot, et je me hâtai de cingler ainsi vers le rivage. La fraîcheur de l'eau et la solennité du moment avaient décuplé mes forces. Je pris à la brassée ce pauvre cadavre que j'étendis aussitôt sur l'herbe, la face contre le ciel, pour le reconnaître au clair de lune. Ce cadavre, c'était celui d'une femme, et cette femme, c'était Mme Lucie!

Que faire ? J'avais bien entendu dire que des gens prennent alors le noyé par les pieds pour lui faire dégorger l'eau qui l'étouffe en le secouant la tête en bas, mais ce moyen, absurde en toute occurrence, me semblait surtout impraticable avec une nature aussi délicate. J'arrachai donc aussitôt le corsage pour sentir si le cœur battait encore, et ne parvins pas à y saisir la moindre pulsation. Les mains étaient raides, la figure livide et les dents serrées. Ces pauvres cheveux ayant perdu leur peigne pendaient en arrière tout en désordre dans les plis d'un grand voile de crêpe retenu sous le menton par le ruban du bonnet.

Je me sentis le désespoir dans l'âme, mais j'étais animé aussi de toutes les forces surhumaines que donne le désespoir. Il faut avoir passé par de semblables crises pour savoir ce que c'est. Ah! comme toutes préoccupations égoïstes étaient en ce moment loin de moi ! Faute d'avoir mieux à ma portée, j'appliquai tout à coup mes lèvres ardentes sur ces lèvres glacées, et me mis à aspirer à pleins poumons. Après deux ou trois efforts des plus vigoureux, je tâtai de nouveau la place du cœur. Il était toujours mort; seulement il me sembla bientôt sentir le sein de la pauvre femme se contracter imperceptiblement sous ma main. Un vague espoir me revint pour le cas où je réussirais à trouver d'assez prompts secours. Je jetai donc ma veste sur ce sein glacé, je pris la pauvre femme dans mes bras en appuyant sa tête sur mon épaule comme celle d'un enfant qui dort, et je me mis à courir vers le moulin.

Tout en courant, je me sentis bientôt pris d'une répugnance inexpliquée à paraître ainsi devant des étrangers hébétés de sommeil. Je pensai à la grande Hirmine, qui habitait dans une cour des premières maisons du village de Vuillafans, et je continuai à courir jusque-là.

A mon appel, la grande Hirmine, qui ne dormait pas encore, sauta du lit. — Quel diable de cadeau est-ce que tu m'apportes là ? demanda-t-elle d'un ton inquiet.

— Ce n'est pas un cadeau, c'est un cadavre, le cadavre de Mme Lucie ! répondis-je en me précipitant vers son lit.

Au nom de Lucie, la grande Hirmine ne dit plus mot. Pendant que je cherchais la lampe à tâtons, je l'entendais, elle, jeter au foyer une poignée de chenevottes et un fagot de sarments. Je recommençai à appliquer mes lèvres sur celles de Lucie, et au même instant toute la pièce s'illumina des grandes flammes du foyer.

— Voyons, Tanisse, prends ce matelas par la tête, je le prendrai, moi, par les pieds, et nous l'apporterons là devant le feu.

Une fois près du feu, la grande Hirmine déshabilla Lucie toute nue et l'enveloppa dans la grosse mante de laine qui servait de couverture à son lit, puis elle se mit à la frictionner. — Tanisse, donne-moi le vinaigre que voilà sur le dressoir, et ma vieille bouteille d'eau-de-vie qui est dans mon buffet, puis tu remettras des sarments sur le feu, et tu me chaufferas l'un après l'autre tous ces jupons de laine.

Les deux bouteilles passèrent en lotions sur la tête et sur l'estomac, où la grande Hirmine appliqua ensuite les jupons quand ils étaient brûlants. Les chauffages continuèrent ainsi pendant plus d'une heure. A la fin, un soupir étouffé nous sembla se dégager de la poitrine, le cœur recommençait à battre, les soupirs se multiplièrent. Les bras firent mine de vouloir bouger, puis les lèvres se mirent à balbutier des sons inarticulés. Nous pensâmes que c'était le délire. La crise dura un quart d'heure, et l'accablement amena le sommeil.

La grande Hirmine approcha alors ses lèvres de celles de Lucie pour se rendre compte du degré de régularité qu'avait retrouvé sa respiration. Les choses parurent lui sembler dans un état à peu près satisfaisant. Elle se releva, alla à la porte, qu'elle ferma à la clé et au verrou, puis elle me dit brièvement : — Sèche-toi.

Dans le fait, j'avais aussi complètement oublié mes habits mouillés, qu'elle sa grande chemise étroite qui lui servait de fourreau. Quant à l'idée d'appeler un médecin, je ne me le suis rappelé que plus tard, elle ne nous vint pas même ni à l'un ni à l'autre. Ce ne fut qu'en entendant grincer le verrou de la porte que je retrouvai le sentiment net de la situation. J'avais vaguement compris que ce verrou venait de clore à jamais ma vie ancienne, et qu'il ne s'ouvrirait plus que pour me mettre en face de l'inconnu.

La grande Hirmine resta longtemps silencieuse. Sa mine, si brusque d'habitude, semblait néanmoins tantôt s'attendrir et tantôt se crisper, selon le cours de ses pensées contraires. — Écoute, Tanisse, me dit-elle enfin, je sens là que, quand cette pauvre petite se réveillera, nous allons apprendre des choses... des choses affreuses. Vois-tu, Tanisse, moi, je connais mon monde. A nous trois, comme nous voilà, nous n'avons sans doute pas grandes ressources, mais c'est égal. Rien n'empêche que nous ne restions encore comme cela, maîtres de nous, un jour ou deux. Ça donne toujours un peu de large pour dresser ses quilles, pas vrai ? Faudra voir, vois-tu ; à nous deux, nous n'aurons peut-être pas trop de tout notre courage; mais enfin on est là, pas vrai ? Toi, tu as déjà fait le plus fort de la besogne; c'est déjà un bon coup. Il paraît bien que son heure n'était pas encore venue, à cette pauvre petite, puisque tu t'es trouvé là juste pour la sauver. Faut attendre, vois-tu, nous ne savons rien encore; mais, pour en venir là, cette pauvre petite, elle qui est douce comme un pigeon, faut bien qu'elle ait de rudes choses à dire. Eh bien donc! Tanisse, devant un homme, tu comprends, une pauvre petite *damelette*, ça n'est pas habitué comme nous autres à en entendre bon gré mal gré de toutes les couleurs. Faut la ménager, pas vrai ? pour lors, quand elle se réveillera et qu'elle pourra parler.., vois-tu, peut-être que ça presse..., il te faudra monter cette échelle-ci, qui va à mon petit grenier, et tu attendras là-haut sur les fagots que j'aie fini de la confesser. Vois-tu, il y a des choses que les femmes ne peuvent se dire qu'entre elles ! Tu comprends ça, pas vrai ?

— Oui, oui, ma bonne Hirmine, lui répondis-je. Vous avez raison; sans vous je n'y aurais peut-être pas pensé. Oui, les femmes comme vous, on peut s'en rapporter à elles. Voyez-vous, si c'a été une bonne chance que j'aie pu la sauver, c'en a été une meilleure encore que j'aie pensé tout de suite à venir chez vous. Ça me donne de l'espoir. Je sens bien, moi aussi, que nous allons apprendre des choses lamentables; mais en tout cas disposez de moi, à la vie et à la mort. Cette pauvre Lucie ! je n'ai que ma vie et mes bras à lui offrir, mais ils sont à elle, ou plutôt ils sont à vous, ma bonne Hirmine. Voyez, il faudra bien que vous ayez, vous, de la tête pour les trois, car moi je ne sais plus où j'en suis. Seulement ne me ménagez pas. Dites, et je ferai.

— Eh bien! c'est bon; voilà qui est dit....

Il faisait depuis longtemps grand jour. Nous avions entendu les vaches des voisins revenir de l'abreuvoir. La grande Hirmine aurait dû aller ce jour-là laver une lessive. En ne la voyant point paraître, les gens qui l'attendaient avaient envoyé deux autres laveuses pour savoir la cause de son absence. Celles-ci étaient restées un quart d'heure à taper à grands coups de pieds contre la porte en l'appelant par son nom. Comme personne ne leur répondait, elles se décidèrent à s'éloigner; mais leur tapage avait fini par éveiller Lucie. Elle poussa d'abord un profond gémissement en appelant son père, puis elle fixa sur nous un regard stupide sans parvenir à s'expliquer où elle était.

Le son de nos voix connues la rappela cependant bientôt au sentiment de la réalité. Alors elle tomba dans des convulsions horribles. La grande Hirmine me fit signe des paupières, et je montai au petit grenier. De là, il m'était impossible d'entendre les paroles, mais je distinguai la nuance de leurs intonations. Jamais je n'eusse soupçonné d'une part l'énergie d'un si violent désespoir, de l'autre des ressources de tendresse aussi délicate et maternelle. Je suais à grosses gouttes. Au bout d'une demi-heure, les deux voix se turent, et je vis la figure de la grande Hirmine apparaître livide au-dessus de l'échelle. En quelques mots, tout me fut expliqué. J'abrège le triste récit que j'eus alors à entendre. Le misérable qui avait épousé Lucie était l'amant de Mme Groscler. C'était pour s'assurer la fortune du père qu'il avait exigé la main de Lucie en menaçant sa mère de l'abandonner, si on répondait à cette exigence par un refus. Une horrible scène, dont Lucie avait été le témoin par mégarde, lui avait tout appris. Étourdie, glacée de terreur, elle s'était mise à courir sans savoir où elle allait. Elle avait atteint ainsi le Gouffre-Gourmand, et là, dans un sentier glissant, le pied lui avait manqué... — Maintenant tu sais tout, ajouta la grande Hirmine. La mère est ruinée, la fille est dans mon lit, le vieux est au cimetière, et le gendre ne tardera sans doute pas à être à la potence. Et dire pourtant que je n'ai pas eu le bon esprit de l'assommer tout d'un coup avec ma pelle à *cougnarde* !

— Ah! mon pauvre Tanisse, pourquoi ne m'avez-vous pas laissé mourir ? s'écria de son côté Lucie en m'apercevant. Je serais maintenant auprès de mon pauvre père, et délivrée de tous les maux. Pourquoi m'avoir forcée à conserver une vie désormais à charge à moi et à tout le monde, en exposant ainsi la vôtre ? Dites, que vais-je devenir maintenant ?

— Ma pauvre dame...

— Oh ! je vous en prie, ne m'appelez plus de ce nom, car je ne veux plus l'entendre, jamais ! jamais !

— Dis Lucie tout court, Tanisse; il n'y a plus ici ni de monsieur, ni de madame.

— Mademoiselle Lucie, je ne pensais guère que c'était pour vous que je sautais à l'eau, mais puisque le bon Dieu m'a fait l'honneur de se servir de moi pour vous sauver la vie, soyez sûre que je me tiendrai bien fier de pouvoir, au prix de toute la mienne, vous rendre un peu du bonheur dont vous avez toujours été si digne.

Les larmes étouffaient ma voix. Mon émotion détourna un instant l'attention de Lucie de ses propres infortunes. Elle me tendit sa main, que je pris dans la mienne en me jetant à genoux; mais la pensée ne me vint même pas d'en approcher mes lèvres. Quand je réfléchis maintenant avec quelle frénésie mes lèvres avaient pressé les siennes quelques heures auparavant, et que je me rappelle le sentiment d'adoration surhumaine qui me fit alors tomber à genoux devant elle comme devant une sainte, je me rends mieux compte du charme que trouve dans son propre dévouement un cœur aussi sincèrement désintéressé que l'était en ce moment le mien. — Écoutez, mes petits, avait repris la grande Hirmine; voici une petite panade blanchie avec un reste de bonne crème. Avalez-moi vite ça; vous devez en avoir besoin, puis après nous parlerons d'affaires. voyez, nous sommes ici chez nous, aussi loin de tout le reste du monde que Robinson dans son île. Il faut tirer le rideau sur toute notre vie passée, et ne plus songer qu'à la nouvelle. Avec un peu de courage, j'ai l'idée que nous ne perdrons pas beaucoup au change. Voilà la robe de Lucie qui s'en va être sèche aussi bien que ses bas, sa chemise et ses bottines. Quand les fers seront chauds, c'est moi qui vais repasser tout cela. Voyons, fais du feu, Tanisse, et je te repasserai aussi tes affaires. Je n'entends pas que vous sortiez d'ici comme des *guenilleux*, pour qu'on dise que je vous ai mal soignés, et il faut être en mesure de décamper ce soir. Voyez-vous, je suis sûre que les *cognards* (les gendarmes) ne tarderont pas à montrer leur nez par ici, et je n'entends pas, moi, que mes deux pigeons soient fourrés là dedans ni peu ni prou. Laissons-les laver leur linge sale entre eux, ce ne sera pas de luxe. Il faut partir d'ici à dix heures du soir. Nous arrangerons une chaise comme une flotte avec des coussins et des bretelles pour y mettre notre petite, et, afin que personne n'ait vent de rien, nous irons prendre la voiture quand elle passera à Saint-Gorgon, au-dessus de Mouthiers, vers minuit. Personne ne saura qui nous sommes ni d'où nous venons, et demain matin nous serons en Suisse. Une fois là, tout ira bien. Je viens de trouver trois pièces d'or dans la boursette de notre petite. Puis voilà sa montre et le beau diamant qui est à la clé. Moi, j'ai là trente francs dans mon tiroir que je vais y prendre. Toi, Tanisse, tu m'as dit en avoir aussi une trentaine gagnés à Pontarlier. Ça fait déjà quarante écus. Ce serait bien le diable si tu ne trouvais pas de l'ouvrage là bas. Moi, d'abord, si jamais je deviens savante par la suite des temps, je te promets de ne lire que les livres que tu auras imprimés, pour qu'ils se débitent mieux. Vois-tu, Tanisse, voilà le beau foulard que tu m'as donné qui va justement servir de bonnet à notre petite. Tout de même, tu as eu là une fameuse idée de me donner ce foulard ! Elle va être belle avec comme une petite cantinière. En Suisse ! en Suisse ! les petits ! c'est moi qui me charge d'aller vous mener jusque-là et de rapporter ma chaise. Si on nous voit, nous dirons que nous allons en pèlerinage à Notre-Dame-des-Ermites, et si on me demande pourquoi je ne suis pas allée laver la lessive aujourd'hui, je leur dirai que j'avais la colique.

La grande Hirmine avait dit tout cela d'un ton d'inspiration si comique, mais si pénétrante, qu'à mesure qu'elle parlait, je sentais le cauchemar dont ma poitrine était oppressée s'alléger de plus en plus. De caverne sans issue qu'elle était encore tout à l'heure, la situation n'était plus pour ainsi dire qu'un puits du fond duquel nous retrouvions, en levant les yeux, un petit coin de ciel. La foi robuste, l'assurance imperturbable de la bonne femme me gagnaient. Je ne savais pas encore bien comment tout ce qu'elle disait là se ferait, mais déjà j'étais intimement persuadé que cela se ferait et que cela devait se faire. Quant à Lucie, elle ne disait mot. Elle regardait avec stupeur, La grande Hirmine s'approcha d'elle d'un air de douce caresse : — N'est-ce pas que j'ai raison ? lui demanda-t-elle.

Lucie semblait ne pas comprendre. Quant à moi, tout cela me paraissait si parfaitement raisonné, que ce silence me pétrifiait.

— Mon Dieu! mon Dieu! suis-je assez misérable et délaissée ? finit par s'écrier Lucie.

Il me sembla qu'on me transperçait le cœur avec un fer rouge. La grande Hirmine fit un léger mouvement de tête, mais elle se tut, d'un air qui paraissait attendre ce qui allait suivre.

— Que va dire le monde ? ajouta bientôt Lucie.

— Ah ! c'est là ce qui vous occupe, ma pauvre petite mésange ? Ce que dira le monde ? Eh bien! pardi, je vous conseille de vous en occuper. Ce que dira le monde ! mais pour nous, encore une fois, il n'existe plus, le monde, pas plus que s'il venait d'être englouti. Quels risques avez-vous à courir avec lui ? Le monde ne vous a-t-il pas laissé faire tout le mal qu'on a voulu sans souffler le moindre mot ? Délaissée, dites-vous ? Ah çà! mais pour qui donc nous prenez-vous ici, Tanisse et moi ?

— Oui, oui, mes bons amis, je sais bien. Pardon, pardon d'avoir ainsi parlé, mais, je vous en prie, comprenez-moi, ayez pitié de moi. Tous les autres ont des parents, des amis. Vous, Tanisse, vous avez votre bon père, votre bonne mère.., oui, à propos! que vous ne sauriez ainsi abandonner; mais à moi, que me reste-t-il ?

— Écoutez-moi un instant, petite. Ce qu'il vous reste, dites-vous ? Il vous reste nos cœurs et nos bras, qui sont prêts à tout braver, à tout supporter et à tout vaincre, entendez-vous bien ? pour faire que votre beau front blanc que voilà puisse se reposer en paix, content et heureux, quelque part. Voyons, chère enfant du bon Dieu, un peu de courage ! Ce n'est pas à votre âge qu'il faut ainsi se laisser abattre. Qui vous dit qu'un de ces quatre matins vous n'allez pas être débarrassée de... enfin suffit! Le guignon vous frappe dur, je ne dis pas non, mais n'importe. Quand on sait vite se secouer en sortant d'un grand malheur, on ne va pas loin sans se retrouver tout à fait sec. Quant aux parents de Tanisse, voyez, c'est moi qui m'en charge. N'ayez pas peur, ils ont la peau dure; ils savent aussi bien que moi ce que c'est que la misère. Quand on ne vit que de ça, on finit par s'y faire, c'est comme la soupe à l'ail. Pour lors donc, quand je croirai utile de leur dire la chose, c'est mon affaire; mais rien ne presse. Il est inutile de les mettre en souci pour rien. S'ils étaient là d'ailleurs, je suis bien sûre qu'ils seraient les premiers à dire que j'ai raison. Croyez-moi, ma petite, une bonne affection, toute joyeuse de se voir acceptée, comme la nôtre, vaudra toujours mieux que la pitié la plus cossue. Ce que dira le monde ? Ah ! ma pauvre enfant, vous ne savez pas où on peut être conduit quand on veut se régler ainsi sur ce que dira le monde.

La grande Hirmine, qui s'était assise auprès du lit en passant sa main sous la tête de Lucie, s'affaissa tout à coup d'un air endolori sur la couverture; puis bientôt elle se releva résolument et reprit :

« Après tout, oui, c'est aujourd'hui le jour des confessions générales; il faut que je fasse aussi la mienne. Tanisse, viens t'asseoir sur cette chaise. Bon! Maintenant donne-moi ta main, et laissez-moi parler. Voyez, ma pauvre petite, il me semble que nous sommes ici juste comme au jugement dernier, où tout le monde sera bien obligé de vider son sac. Eh bien ! donc, moi je veux vous vider aussi le mien, là, tout de suite. Voyez-vous, ce sont des choses dont jamais personne n'a su le plus petit mot, ni ici, ni nulle part. Tout cela s'est passé entre le bon Dieu et moi. Il m'a bien punie, c'est vrai; enfin soit, pourvu que ça vous profite, en vous faisant voir à quoi on peut être conduit par cette crainte de ce que dira le monde.

«Faut vous dire d'abord, quoique je n'aie jamais été une beauté, qu'à seize ans je n'étais cependant pas tout à fait aussi laide qu'aujourd'hui. J'avais alors des joues roses et des cheveux fins tout comme une autre. Le nez était bien un peu court, la bouche un peu grande, les jambes un peu longues, les pieds un peu forts et la taille un peu maigre, mais n'importe. Si j'étais grande, j'étais forte; si j'étais maigre, j'étais leste. Tout cela ne m'empêchait pas d'avoir de beaux yeux. Mes yeux, voyez-vous, les gens me disaient parfois qu'ils auraient été dans le cas d'allumer de la poudre, ce que je ne peux pas savoir, n'en ayant jamais eu pour essayer. Enfin suffit. Quoique jeune, c'était toujours moi qui portais à la procession le gonfalon des grandes, parce que, dans le fait, j'étais aussi grande qu'elles, et elles étaient bien aises de me laisser la charge, en ménageant leurs gants à tenir les cordons, tout en se faisant mieux voir aux garçons. Chez nous, j'étais l'aînée de trois petits frères et sœurs qui ne sont pas arrivés à vingt ans. Ma mère, qui était veuve, avait assez de peine à s'en tirer; aussi était-elle pas mal dure pour moi. Presque tous les jours j'avais ma rossée; mais ça n'empêche, que Dieu la mette en gloire! pour lors, voilà qu'il vient une fois un maçon piémontais, qui travaillait à Vuillafans, lui demander de lui tremper la soupe et de le laisser coucher sur notre foin. Très bien. Ma mère, qui n'était pas fâchée de gagner deux ou trois sous, s'empresse de dire oui. Au bout de dix jours, voilà le Piémontais qui s'écrase un pied sous une pierre. On le rapporte chez nous, on court chercher la Josette Desbiez, qui était de son temps une fameuse rhabilleuse, et nous voilà soignant le Piémontais de notre mieux. Moi, qui m'étais déjà habituée à lui par rapport à ce qu'il me disait toujours bonjour, tandis que ceux de Vuillafans ne me disaient rien du tout, cela me faisait une peine extrême de le voir ainsi malade. Un jour qu'il avait entendu ma mère me quereller par rapport à notre connaissance, il me dit de ne pas avoir peur, qu'aussitôt qu'il serait guéri, il irait chercher ses papiers pour nous marier, et qu'il m'emmènerait dans son pays. Moi, je comptais là-dessus comme « bon Dieu bonne âme. »

«Au bout d'un mois, voilà donc qu'il part, en me disant qu'il reviendra bientôt. J'attends un mois, rien n'arrive; mais je me disais que son pays était peut-être trop loin pour qu'il pût être déjà de retour. J'attends deux mois, rien n'arrive, et cependant je commençais à m'apercevoir que je n'irais pas jusqu'au bout de l'année sans avoir bien besoin de le revoir. J'attends trois mois, toujours rien. Je me dis alors qu'il était peut-être malade, et je ne lui reprochais à part moi que de ne pas donner au moins de ses nouvelles. Au bout de quatre mois, plus moyen d'attendre. — Qu'est-ce que dira le monde ? commençai-je à me demander. Là-dessus la peur me prit, et un beau matin je levai la semelle sans rien dire à personne. J'allai droit à Besançon. Là, je cherchai à gagner ma vie en lavant la lessive à la barque sur le Doubs, mais ça n'a pas duré. Pour que personne ne pût arriver à me bien connaître, j'étais obligée de changer de gîte à tout moment. Quand je ne pus plus tenir en ville, je me mis à rôder par les villages, tantôt en mendiant et tantôt en travaillant. La nuit, je couchais sur le foin, à l'écurie, au coin d'un bois, n'importe où. Ah! dites donc, j'en ai vu *de grises*, comme on dit. Pour lors, voilà que, le moment venu, j'étais au milieu d'un bois. Je m'en tirai comme je pus. C'était un beau gros garçon. Quand je dis qu'il était beau, ça n'est pas étonnant; vous savez le proverbe : *Peute chatte, beau minon,* — Qu'est-ce que dira le monde ? me demandai-je encore une fois. Me voilà obligée de gagner la vie d'un autre, juste au moment où je ne pouvais plus seulement gagner la mienne. M'en retourner avec mon pauvre petiot chez nous, c'était impossible. Il me semblait que ma mère lui eût arraché les yeux et à moi aussi. Continuer à vivre ainsi errante par le monde, sans pouvoir le soigner, il aurait été trop malheureux; c'est alors que je pensai à l'hospice... »

La grande Hirmine s'arrêta tout à coup en faisant un effort comme pour étouffer un sanglot, puis elle reprit :

« Oui... à l'hospice. Là, au moins, me disais-je, il sera bien soigné; je lui mettrai une marque au bras, et quand le Piémontais reviendra, nous irons le redemander ensemble pour qu'il soit aussi de la noce, et tout sera dit. Quand le père sera là, je n'aurai plus peur de ce que dira le monde. Pour lors, voilà donc que je l'enveloppe, ce pauvre petiot, avec ma cornette de cou, puis j'étends mon mouchoir de poche par terre, je fais un bon petit matelas de mousse bien douce et bien sèche. Là-dessus je pose mon petiot, enveloppé dans ma cornette blanche, pour que ça ne le pique pas, et je referme le mouchoir de poche avec des épingles, en ne laissant de libre qu'un petit trou pour qu'il voie clair et puisse respirer. Je n'étais pas loin de la ville, mais je ne voulais y rentrer qu'à la nuit. Je le mis donc, ce pauvre ange, sur mes genoux, en pleurant comme une Madeleine et en le couvrant de mes baisers. Pour lors, vers onze heures du soir, j'étais à rôder autour de l'hospice. Quand la rue fut complètement déserte, je regardai bien de tous côtés pour m'assurer que personne ne me voyait, et j'allai mettre le petiot sur la porte, en me cachant dans un coin d'où je pouvais le surveiller à la lueur du réverbère. Je croyais que la porte s'ouvrirait bientôt, mais elle ne s'ouvrit pas. J'étais dans des transes mortelles. Minuit sonna. Je commençais à sentir le frais, j'eus peur qu'il n'eût froid, et j'allai le reprendre pour le réchauffer dans mes bras. Il y resta deux heures. Je mourais d'envie de m'enfuir avec, mais je ne savais où. Je me décidai à le reporter. A peine venais-je de le lâcher, que je vis arriver un chien du bout de la rue. Je fus effrayée et je courus le reprendre. Il sonna trois heures et demie. La rue était redevenue tranquille. Le petit jour commençait à poindre. J'essuyai bien sa petite bouche, qui était toute mouillée de mes larmes, et j'allai le remettre sur la porte. Une demi-heure après, cette porte s'ouvrit. Un nuage noir me passa sur les yeux. J'y portai vite les mains pour le chasser; mais quand je fus parvenue à revoir un peu clair, mon pauvre petiot avait disparu.

« Je n'ai pas besoin de vous dire comment je fus reçue par ma mère en rentrant chez nous après cinq mois d'absence; mais ça m'était égal, je ne sentais pas les coups. Je ne pensais plus qu'au bonheur d'aller réclamer mon petiot quand le Piémontais reviendrait. Au bout d'un an, il n'était pas revenu, mais ça ne m'empêchait pas d'espérer toujours. Ah! ma pauvre amie! que Dieu vous préserve d'une pareille attente ! Dans le principe, je pensais presque autant au Piémontais qu'à mon petiot; mais, la seconde année arrivant sans ramener le Piémontais, je commençai à penser moins à lui pour penser d'autant plus à mon petiot. Le jour, la nuit, partout, je n'avais plus que lui devant les yeux. Une nuit, en rêve, je crus l'entendre qui m'appelait en me tendant ses petits bras. Pour le coup, je n'y tins plus. Je me levai sur-le-champ. — Les gens diront ce qu'ils voudront, pensai-je. Je m'en tirerai toute seule comme je pourrai, mais je veux ravoir mon petiot. — J'arrivai à Besançon à dix heures. J'allai droit à l'hospice, et je racontai bien comment était faite la marque que je lui avais mise au bras... Un instant après, le portier revint en me rapportant cette marque... Quant à mon pauvre petiot, il était enterré depuis deux jours. »

La grande Hirmine, suffoquée par ses larmes, s'affaissa de nouveau sur la couverture, et pendant un instant on n'entendit plus que le bruit saccadé de ses sanglots. C'était la première fois que je voyais pleurer cette pauvre femme. Je regardai machinalement Lucie. Le spectacle inopiné d'une douleur maternelle si poignante me sembla lui avoir fait oublier complètement ses propres maux.

— Ah ! ma pauvre Lucie ! s'écria tout à coup d'un ton déchirant la grande Hirmine en relevant la tête, comprenez-vous maintenant à quoi on peut être mené quand on commence à se demander : Qu'est-ce que dira le monde ? Si j'avais eu au premier moment le courage de ne consulter que mon cœur, je l'aurais eu au moins, ce pauvre petiot, pour me faire oublier tout le reste, pour m'aimer un peu en échange de tout l'amour que je lui aurais donné, et je ne serais pas arrivée à mon âge sans avoir eu jamais personne pour me dire une bonne parole.. Au lieu de le garder, comme je l'aurais dû, je l'avais lâchement abandonné, et je ne tardai pas à être punie moi-même par l'abandon de tous les miens. Bientôt après ma mère mourut, mes petits frères et sœurs moururent, et un beau matin je me suis trouvée chez nous toute seule. Alors, il est vrai, le bon Dieu semble avoir eu pitié de mes larmes, car c'est peu après qu'il me donna pour amie la Pélagie, qui bientôt à son tour eut un beau garçon, comme eût été le mien, et ce garçon, c'est mon Tanisse, que voilà, et que je vous cède aujourd'hui, pauvre petite, parce que vous en avez cruellement besoin. Pour sûr, il me serait impossible de vous faire un meilleur cadeau !

Section IV.

Le lendemain, à neuf heures du matin, nous étions aux Verrières. La grande Hirmine venait de nous embrasser pour la dernière fois en bourrant encore nos poches de noix et de pruneaux, dont elle avait garni les siennes en partant, et je me retrouvai seul avec Lucie dans l'intérieur de la voiture publique.

C'est un bien triste serrement de cœur que celui qu'on éprouve en quittant pour la première fois son pays, même dans les conditions de demi-liberté où je me trouvais. Le souvenir de ce que je souffrais alors m'a fait mieux comprendre plus tard ce qu'a de cruel la peine de l'exil pour nous autres Français, qui ne sommes complètement nous-mêmes qu'au milieu des nôtres et dans notre chez nous; mais en ce moment j'étais entièrement absorbé par le sentiment de mes propres douleurs, et je fus à peine tiré de ma préoccupation par le bruit de la portière qui s'ouvrit pour laisser entrer un voyageur. C'est alors seulement que je m'aperçus de ce qu'avait d'insolite la mise de Lucie, avec sa robe noire et le foulard rouge qui lui enveloppait la tête. La veille au soir, la pauvre enfant avait déjà bien péniblement ressenti les premières atteintes de sa situation nouvelle, en se trouvant dépourvue de tous ces petits détails de toilette si indispensables à une jeune femme élevée comme elle. Avec son gros peigne propre, mais presque aussi largement denté qu'un peigne d'écurie, la grande Hirmine était cependant parvenue à remettre sa belle chevelure à peu près en ordre. Pour lustrer les bandeaux, l'eau fraîche avait tant bien que mal remplacé la pommade. Nous comptions trouver à Neuchâtel de quoi réparer à peu près toutes les lacunes. Affaissée dans son coin de voiture, et le bras droit soutenu par la bretelle, Lucie ne tarda pas à s'endormir.

Ébranlée aussi bien que moi jusqu'au fond du cœur par les raisonnements de la grande Hirmine, effrayée surtout par l'idée d'être appelée à déposer contre sa mère et son mari, elle avait fini par s'abandonner à nous à discrétion; mais ses forces étaient à bout. Bientôt sa pauvre tête endormie s'appuya contre mon épaule, et jusqu'à Neuchâtel je restai immobile pour la laisser dormir. Ses lèvres sèches étaient à moitié entr'ouvertes. Elle respirait péniblement. Ses joues portaient encore la trace luisante de toutes ses larmes de la veille. Son sein se soulevait et s'abaissait avec effort. La pensée de toutes les luttes et de toutes les appréhensions qui avaient dû tourmenter cette pauvre femme me navrait; en même temps l'idée d'être désormais le seul dépositaire, le seul appui de cette vie si chère, me remplissait d'un ineffable sentiment d'orgueil malgré les incertitudes de l'avenir. Tous mes secrets élans d'amour s'étaient transformés et sublimés, il est vrai, au choc des derniers événements; mais plus je me croyais dorénavant désintéressé sous ce rapport, et plus aussi je me délectais, à part moi, à la saveur un peu âpre de mon abnégation.

A Neuchâtel, nous nous fîmes servir à dîner dans une chambre à part, pour échapper aux regards importuns qu'aurait pu attirer sur nous notre air un peu étrange, puis nous achetâmes quelques objets de toilette indispensables. Lucie était si faible, qu'elle ne pensa même pas à faire difficulté d'accepter mon bras. Je m'en trouvais si heureux que, pour empêcher ses pieds de se fatiguer sur les pavés, je fus plusieurs fois sur le point de la prendre tout à fait dans mes bras, comme un enfant. Elle continuait à rester silencieuse. La vue du lac et des grandes Alpes dans le lointain, spectacle tout nouveau pour nous, la jeta dans une morne rêverie. Je la reconduisis dans notre chambre, et je me mis à chercher de l'ouvrage dans les imprimeries, mais je n'en trouvai pas; seulement j'appris que ma qualité d'ouvrier français pourrait me faire bien accueillir à Berne, où elle me donnerait, — pour la *composition* française, — le pas sur les ouvriers allemands, qui en sont ordinairement chargés. Une autre question grave me préoccupait : Lucie était sans passeport. Comment lui en procurer un ? Faute de mieux, je pensai à Pidoux, que je savais brave et dévoué, malgré l'excentricité de quelques-unes de ses allures; mais, pour écrire à Pidoux, il fallait lui donner au moins quelques raisons, vraies ou fausses, de ma conduite. Je prétextai une équipée galante, et je fis appel au camarade dont je connaissais les habitudes volcaniques aussi bien qu'à l'ami. A peine avais-je écrit à Pidoux, qu'il me fallut aussi répondre à mon hôte. Celui-ci nous avait installés de prime-abord dans une chambre à un seul lit. Le soir, quand on me présenta dans la salle à manger le registre des voyageurs, je tombai dans un grand embarras : comment y qualifier Lucie ? J'hésitai longtemps en feignant de m'intéresser beaucoup aux noms des précédents voyageurs, puis je finis par me dire que puisque l'hôte ne nous donnait qu'une chambre, c'était une preuve qu'il n'y avait pas d'invraisemblance extérieure à ce que nous fussions époux. M'en tenant donc à cette interprétation présumée, je pris la plume en tremblant, j'écrivis : *Péchard et femme*, et je refermai brusquement le livre. Ce mot de femme, bien que non précédé du pronom possessif, me remuait jusqu'au fond de l'âme. Je fus sur le point de reprendre le livre, mais il était trop tard; je m'empressai de sortir, tant il me semblait qu'on allait découvrir ma supercherie.

Je venais de mentir à Pidoux, je venais de mentir à mon hôte. Je commençai à sentir malgré moi comme un double remords. Lucie se disposait à se coucher. Il allait de soi pour elle que j'avais une autre chambre; cependant il n'en était rien. Ayant négligé jusque-là d'en demander une, l'inscription du registre me semblait un obstacle invincible à le faire. Comme j'allais me retirer, Lucie me tendit la main en me souhaitant une bonne nuit d'une voix étouffée. — Mon Dieu! mon Dieu! Tanisse, qu'allons-nous devenir ? ajouta-t-elle aussitôt, et sa tête toute en larmes vint s'affaisser contre ma poitrine. Je tenais toujours sa main. Malgré tous mes efforts pour rester calme, mes larmes se mirent aussi à tomber sur ses bandeaux aplatis; mon bras enveloppa irrésistiblement sa taille, et je m'écriai à mon tour, en la pressant respectueusement contre moi : — Courage! courage, pauvre amie! tout s'est bien passé jusqu'ici, et je suis sûr que cela continuera de même. — Enfin je, lui recommandai vivement de bien fermer sa porte et de ne pas se lever trop tôt, puis je sortis.

L'instant d'après, je me trouvais à errer au bord du lac, en proie à une perplexité des plus violentes et ne sachant que devenir. Les heures sonnaient, les lumières s'éteignaient, la plage était devenue déserte. Comme la nuit était belle, je pris le parti de m'étendre sur un banc, pour m'y abandonner au cours tumultueux de mes pensées, en attendant le sommeil. — Lucie ma femme ! me répétais-je intérieurement. Ces trois mots revenaient sans cesse. Hélas ! malgré les présomptions lugubres qui pesaient désormais sur sa vie, elle n'avait pas cessé d'être pour moi Mme Lucie, la même à qui j'avais autrefois porté si craintivement à l'église Saint-Jean le parapluie de Pidoux. Sans doute je me rappelais parfaitement avoir prétendu en moi-même, à l'époque de son mariage, que si on l'eût laissée m'attendre, je deviendrais peut-être assez riche un jour pour oser aspirer à peu près raisonnablement à elle; mais, hélas ! combien je me sentais loin encore de ce point lumineux vaguement entrevu au fond de l'avenir! Les événements venaient de brusquer inopinément mes prétentions, avant que je fusse à même d'y faire honneur. Supporter à moi seul les incertitudes de ma vie d'ouvrier ne m'avait jamais inquiété; mais maintenant, pour Lucie, il ne me fallait plus que des certitudes. Si je ne trouvais pas de l'ouvrage à Berne, que deviendrions-nous ? Nos ressources, déjà entamées, ne pouvaient aller loin. D'ailleurs, pour Lucie, ce n'était plus seulement à l'indispensable que je prétendais. Pour elle, je voulais absolument un certain luxe modeste et un certain comfortable. Ainsi rêvais-je, couché sur l'épaule, la face tournée contre le lac qui clapotait à deux pas. La dureté du banc commençant à me blesser, je me retournai sur le dos, ce qui me fit apercevoir les étoiles scintillantes à travers les branches des grands filleuls, et aussitôt mes pensées changèrent. — Bah! me dis-je alors, ce n'est pas moi qui ai provoqué les événements qui m'enveloppent; ce n'est donc pas à moi que peut revenir la responsabilité morale de leurs conséquences. On a fait appel à mon dévouement, j'y ai répondu comme je me croyais obligé de le faire. J'y ai mis toute ma bonne volonté, toute ma franchise, toute mon abnégation; à Dieu le soin du reste! Si un jour Lucie devait se trouver libre, pourquoi, après tout, mon beau rêve ne viendrait-il pas à se réaliser ?

. . . .

Être aimé de Lucie! Lucie ma femme! Oh! ce rêve est-il donc déjà si peu de chose, que j'aie dès aujourd'hui le droit de me plaindre ? Où eussé-je rencontré une pareille femme, si le hasard n'était venu la jeter dans mes bras ? Or avoir la faculté d'un tel amour, c'est en avoir aussi l'invincible besoin, car alors il n'y a plus moyen de se contenter d'un autre. Donc, sans cet affreux malheur, ma vie à moi était murée d'avance. J'aurais fini peut-être par épouser un jour une autre femme, mais pour la rendre malheureuse en étant malheureux moi-même. Quand on se sent à la hauteur du *plus*, on ne peut pas se résigner au moins. Cet apparent malheur n'est en définitive que la nébuleuse aurore des joies sereines qui me sont peut-être réservées. Peut-être! oui, voilà le nœud de la question. Si je n'arrive pas à le trancher, ce sera bien ma faute. La pauvre

Lucie n'a guère le cœur plein que des souvenirs de son père et de son enfance. Qui me dit que dans ces souvenirs-là je n'ai pas aussi depuis bien longtemps ma place ? Le présent est triste, oui; mais le passé a eu ses charmes, et l'avenir peut les faire revivre.

Il y avait deux jours que nous étions installés à Berne, et j'y avais trouvé déjà quelque travail, quand je reçus une réponse de Pidoux. Mon camarade m'envoyait le passeport qu'on avait délivré à une jeune femme de chambre arrivée tout récemment de Louesche. Ce passeport pouvait à la rigueur convenir à Lucie. Pidoux m'apprenait en même temps qu'on avait arrêté l'avoué Protet à Vuillafans sous la prévention de plusieurs faux et même d'assassinat. On avait aussi arrêté sa belle-mère par suite de la brusque disparition de la femme de l'avoué. Mme Groscler était donc impliquée dans une accusation d'assassinat! Cette idée me fît frissonner. C'est la grande Hirmine qui nous avait décidés à fuir par des raisons que j'avais acceptées d'abord comme irréfutables; mais était-ce bien réellement là le parti que nous eussions dû prendre ? Allais-je laisser cette femme sous le coup d'une prévention pareille ? Et comment faire pour l'en tirer ? Mille doutes affreux assaillaient à la fois mon âme. Si grand que soit le crime, n'est-ce pas un crime aussi que de s'en trop venger ? A l'instant même où je n'avais plus de guide, plus de refuge que ma conscience, je la sentais donc torturée par tous les points !

Nous nous étions établis dans une petite chambre à alcôve et à cheminée qui nous coûtait vingt francs par mois. Cette chambre était suivie d'un petit cabinet borgne. Lucie avait été fort contristée de me voir coucher là sur le canapé que j'y transportais tous les soirs, mais les exigences de notre budget et mes protestations sincères que je m'en trouvais fort bien avaient fini par calmer ses scrupules.

Si poignante que fût notre situation, je parvenais néanmoins quelquefois dans mes rêves à la regarder pour ainsi dire comme non avenue, et à espérer tout gratuitement que cela ne durerait que quelques jours. J'avais tellement présents à la mémoire la configuration des lieux, le son de voix des personnes dont nous étions séparés, que le sentiment des distances de temps et d'espace s'évanouissait complètement. Lucie était aussi, sans qu'elle s'en rendît compte, dans des dispositions toutes pareilles. Souvent le soir, quand nous n'avions plus rien à lire, nous causions à voix basse des souvenirs de notre enfance, mais sans toucher jamais aux faits ni aux personnes qui nous avaient imposé cet exil. Notre petite chambre était simple, mais propre, et donnait de loin sur la rivière. Mes trois francs par jour nous faisaient soixante-douze francs par mois. Une fois notre loyer prélevé là-dessus, il ne restait certes pas de quoi mener grande vie. Lucie, le comprenant, songea à y suppléer au moyen de quelques travaux de femme; mais, sauf la couture ordinaire, elle ne pouvait guère recourir qu'à la broderie. J'abondai cependant dans cette idée, bien moins, hélas! dans l'espoir d'un profit très problématique qu'afin de lui savoir une préoccupation bienfaisante, où elle puiserait peut-être quelque satisfaction personnelle. La broderie finie, il fallait la vendre. Bien qu'à vil prix, je n'y réussissais pas toujours. Alors, pour lui en épargner l'aveu, je profitais de toutes les occasions qui s'offraient de travailler la nuit, ce qui finissait par maintenir notre budget à environ deux francs par jour.

Pourquoi insisterais-je ici sur les tristes détails de cette lutte contre la misère ? Faut-il l'avouer ? les préoccupations de la vie matérielle deviennent si absorbantes dans des conditions pareilles, que je ne pensais plus guère à autre chose. Trouver en rentrant Lucie les yeux sans larmes était devenu pour moi le bonheur suprême. L'habitude de notre vie à deux avait d'ailleurs fini par simplifier beaucoup de nos rapports, en leur donnant sinon plus de familiarité, du moins une certaine teinte que je regardais comme plus fraternelle. Lucie me semblait avoir avec moi plus d'abandon. Quant à moi, j'étais sûr d'éprouver beaucoup moins de gêne. La vie de privations volontaires que je m'étais imposée n'était plus de mon âge; je ne tardai pas à en ressentir des atteintes qui m'inquiétèrent fortement à l'idée de tomber tout à coup malade. Pour ne pas en arriver à cette triste extrémité, je me remis donc à une alimentation plus régulière, au risque, hélas! de m'endetter comme tant d'autres, sans entrevoir même la possibilité de m'acquitter jamais. Un jour, en rentrant chez moi, je trouvai Lucie tout en larmes. La femme de l'hôtelier à qui je devais une assez forte somme, fatiguée d'attendre un paiement que je remettais de jour en jour, était venue la poursuivre de ses invectives. Je pris Lucie avec transport dans mes bras pour la porter sur le canapé. Là, sans dégager mon bras qui enveloppait sa taille, je me mis à écarter les belles boucles de ses cheveux qui lui voilaient le visage, et tout à coup, par l'effet d'un entraînement que je n'avais pas même eu le temps de prévoir, je sentis mes lèvres fiévreuses humer les larmes qui inondaient ses joues. Soit surprise, soit accablement, soit entraînement pareil au mien, la pauvre Lucie ne songeait pas même à se défendre. Dès lors je n'avais plus besoin d'aveux, ni de paroles; je me trouvais emporté brusquement au sein même de ces ravissements sans nom dont, sitôt que je me retrouvais en présence de Lucie, il me devenait si manifeste que jamais je ne pourrais seulement approcher.....

Ah ! du haut de ces régions azurées où tu planes aujourd'hui heureuse et libre, ombre adorée, pardonne au nom des larmes toujours renaissantes qui ruissellent de mon cœur, pardonne, ô sainte victime! si malgré tous les déchirements auxquels, à partir de ce jour, je vis ton âme en proie, le courage me manque pour articuler ici la moindre parole de repentir ! Dis, maintenant que tu es affranchie de toutes les impostures, de toutes les défaillances, de toutes les oppressions de ce bas monde, dis si jamais pareille pureté de cœur, si jamais pareille complication d'infortunes, si jamais pareille évidence de prédestination ont pu mieux préparer, mieux justifier, mieux sanctifier d'avance un pareil amour ? Tu ne comprenais pas, ma pauvre amie, où, en sortant de tes bras, transfiguré par tes caresses, je pouvais trouver ce rayonnement si étrange, cet aplomb si sûr, cette audace à briser tous les obstacles, tandis que toi, faible et abattue, tu te repliais dans tes larmes! Ah! tu le vois bien maintenant, n'est-ce pas que j'avais raison quand, prosterné à tes pieds, je te protestais si ardemment que nous étions parfaitement dans tous nos droits, et qu'un amour comme le nôtre n'avait pas besoin d'une autre justification que le fait même de son existence ?

Oui, quand je parvenais à t'arracher un instant à ces remords si gratuits qui te martyrisaient pour t'emporter de nouveau dans ce tourbillon de splendeurs indicibles dont tu avais inondé mon âme, oui, tu en convenais alors, à travers les larmes, en passant ta main si douce dans ma chevelure, tu reconnaissais que je te disais vrai; tu avouais que le jour aussi venait enfin de se faire en toi, que nos deux vies devaient manifestement avoir été destinées par le ciel à ne faire qu'une vie, et que par moi seul tu pouvais être si heureuse!

Il était impossible que j'eusse tort, disais-tu; rien de moi ne pouvait être mal. Comment se faisait-il donc que ce qui te semblait si légitime de ma part se trouvât tout à coup un crime, comme tu disais, relativement à toi ?

Le printemps était revenu. Les feuilles poussaient aux arbres, et les oiseaux recommençaient à chanter dans les branches. Un jour, un gendarme vint tout à coup me demander à l'atelier; je sentis d'abord un frisson me courir de la tête aux pieds.

— C'est vous qui vous appelez Stanislas Péchard, natif de Vuillafans, département du Doubs, en France ?

— Mais oui... — Eh bien ! il faut venir avec moi à l'hôpital; il y a là une vieille femme mourante qui vous demande.

Ma terreur subite était passée, mais pour faire place à un étonnement qui n'était guère moins pénible.

— Ah !... enfin... le voilà donc... mon Tanisse! Je savais bien,... moi,... qu'il était... ici!

C'était la grande Hirmine. Je m'élançai à son cou d'une telle violence, qu'elle ne vint pas à bout de terminer sa phrase. Oui, la grande Hirmine, pâle comme une morte et décharnée comme un squelette, dans un lit d'hôpital à Berne! Je ne sais combien de temps je restai à l'étreindre en sanglotant dans ses bras; seulement il vint un moment où je sentis ses pauvres lèvres, déjà presque glacées par la mort, balbutier avec effort sous les miennes :

— Allons!... allons!... voyons!... Ta... Ta.. Allons!... voyons!

Je relevai brusquement la tête en essuyant une larme, et je m'écriai : — Mais enfin, pour l'amour de Dieu, comment se fait-il donc que vous soyez là ?

— Allons... voyons. Ta... Ta;... voyons, voyons; laisse-moi... d'abord... te regarder... un peu... Pour que... je sache... si c'est bien toi;... et puis... après... on te dira la chose.

La pauvre femme rejeta en effet un peu sa tête en arrière, comme pour mieux me voir; puis, après un instant de contemplation muette, ses lèvres, toujours balbutiantes, se mirent à dire :

— Pauvre Ta... Tanisse... va!... Oui, ma foi, c'est bien lui; mais il a bien souffert... Pas vrai ? Ça se voit. Moi, vois-tu... je m'y connais.

Mais enfin... le voilà... ça suffit... Il ne me reste plus... à moi... qu'à te dire... les choses... et puis, après... je plierai... boutique... Ah çà! mais, dis donc, Tanisse, c'est un pays d'ours... par ici. C'est tout comme... les Autrichiens en 1815. Écoute... je vais te dire... les choses. Vois-tu, j'ai donc été malade... que j'ai cru un instant... que c'était le bout... Pour lors, vois-tu, j'ai dit..» moi d'abord... je veux encore... revoir une fois... mon Tanisse;... puis après... bonsoir! Écoute, je veux te dire une chose, vois-tu; mais il ne faut pas que tu fasses... la bête. Vois-tu, nous avons eu tous les malheurs à la fois... là-bas... depuis toi. Toutes ces histoires... de procès nous ont donné le coup, à la Pélagie... et à moi...

— Ma mère! ma mère! que fait-elle, ma pauvre mère ?

— Vois-tu, Tanisse, elle fait... comme je ferai tout à l'heure..» elle se repose.

— Morte ! Oh ! mon Dieu ! ma mère !

— Vois-tu... sois raisonnable, Tanisse!... Voyons, écoute-moi donc... mon petit... Je n'ai peut-être pas de temps à perdre pour te dire toutes... les choses. Pour lors... vois-tu, c'est moi qui l'ai emballée, de mon mieux... va... sois tranquille... comme tu vas m'emballer... moi-même. Service pour service,... Pas vrai ?... Tu comprends que toutes ces affaires de procès... nous ont donné le coup... à ta mère, à ton père et à moi.

— Mon père !

— Oh! lui... il est encore là... qui t'attend. Va, sois tranquille. Les hommes... c'est plus dur... que les femmes; mais il nous a pris la fièvre, et j'ai dit à la Pélagie, tout comme je te dis ici : — Sois tranquille; c'est moi qui m'en charge... de Tanisse. — Ainsi tu vois donc bien ! Allons, Tanisse, mon petit, voyons ! ne pleure donc pas comme ça. Pour lors, quand on m'a vue au lit, voilà qu'il s'est trouvé que j'avais une masse... de parents... tu comprends... Par rapport à mes billets... dont ils croyaient déjà hériter... Moi... quand je les ai vus venir... comme ça... des gens... qui m'auraient bien laissé manger au loup... de mon vivant, je me suis dit : Minute, on ne part pas... toutes les fois qu'on emballe! Il faudra bien que j'en revienne encore de celle-ci pour quelques jours... Je veux d'abord revoir mon Tanisse, tu comprends..... Pour lors voilà que, quand j'ai pu me lever, je suis allée chez le notaire, et je lui ai dit : — Monsieur le notaire, il me faut mon argent... Deux jours après, il m'a apporté mes quinze cents francs. J'en avais seize, mais j'en ai donné cent à ta mère pendant qu'elle était malade,... en lui disant... que cela venait de toi. Elle a cru ça, la Pélagie. J'ai mis mes quinze cents francs dans le bas... que voilà. Je les ai attachés... en ceinture... sur mes reins, et j'ai fermé ma porte en me disant : Je veux aller voir mon Tanisse. J'avais une fièvre de cheval, c'est pas là l'embarras; mais je me suis dit que j'y mettrais le temps qu'il faudrait, et puis que le long du chemin je trouverais peut-être des voituriers complaisants. Je suis donc arrivée ici aux portes de la ville;... mais il paraît que je n'en pouvais plus, et que je suis tombée... sur le pavé... les quatre fers... en l'air. Des gendarmes sont venus près de moi en me parlant leur *charabia*, que je n'y entendais goutte. Moi, je leur ai dit : — Je veux voir mon Tanisse!... — — Qu'est-ce, votre Tanisse ? qu'ils m'ont dit. —C'est Tanisse... de chez le Vacciné; ne le connaissez-vous pas ? — De tous ces imbéciles-là, pas un ne te connaissait. Pour lors ils se sont mis à me tâter. Quand ils ont senti mon paquet d'argent, ça leur a fait relever le nez. L'argent,... vois-tu,... ça fait toujours de l'effet. Il y en a un qui a dit qu'il fallait m'apporter ici... vu que j'avais de quoi payer. Il est venu un grand docteur qui a l'air assez bon enfant, ça c'est vrai. Je lui ai demandé s'il te connaissait; il m'a dit que non. Alors il m'a demandé ce que tu faisais, je lui ai dit que tu faisais des livres; — d'où tu étais, je lui ai dit : —De Vuillafans. — Où est ça, Vuillafans ? — C'est près d'Ornans. — Où est-ce ça, Ornans ? — C'est près de Besançon. — Alors il a dit qu'il fallait aller s'informer à la police. Un instant après, ils m'ont demandé si c'était toi, Stanislas Péchard. Je me suis rappelé que tu avais effectivement le nom de Stanislas; mais je leur ai bien dit aussi qu'à Vuillafans on ne te disait pas autrement que Tanisse tout court. Alors donc ils sont allés te chercher, et te voilà, mon cher enfant! Mais la petite, où est-elle donc ? Pourquoi ne l'as-tu pas amenée ?

Je courus chercher Lucie, qui faillit mourir d'émotion en se jetant à son tour dans les bras de la grande Hirmine.

— Pauvre enfant! va, elle a bien souffert aussi, elle ! Mais écoutez,... je crois que ça presse... Je suis allée moi-même porter une petite lettre à la poste à Besançon, et là-dessus l'*autre* est resté seul *dedans*... On l'a envoyé pour dix ans dans le régiment des deux à deux. Il y avait de faux billets, toute sorte d'histoires. On a tout vendu à Vuillafans... de façon qu'il n'est plus resté aux uns et aux autres que les yeux pour pleurer. Moi, j'ai dit : Quand je serai au bout, j'irai porter mes quinze cents francs à mes petits, et me voilà.... Écoute, Tanisse, je veux encore te dire une chose. Quand j'aurai tourné l'œil... tout à l'heure,... tu prendras ce bout de tresse bleue qui pend là à mon cou, et tu le garderas, n'est-ce pas ? en souvenir de moi. C'est la marque que j'avais mise au bras de mon pauvre petiot avant de le porter à l'hospice; depuis ce temps-là, elle ne m'a plus quittée. Allons, maintenant... je crois que j'ai tout dit. Venez... les deux;... que je vous embrasse... encore… une fois... et soyez toujours...

La grande Hirmine ne put achever. Nous étions encore courbés tous deux sur elle à la couvrir depuis un moment de nos larmes, que déjà son âme s'était envolée.

Le lendemain au soir, quand on voulut la porter en terre, je ne fus pas peu surpris de voir une dizaine de mes camarades d'imprimerie venir lui faire avec moi cortège. La nuit tombait à l'instant où l'on arrivait au cimetière. Quand on eut mis le cercueil dans la fosse, mes camarades, qui avaient probablement été renseignés par quelqu'un de l'hôpital, allumèrent chacun une petite torche de résine qu'ils avaient apportée avec eux, et aux lueurs de ces torches flamboyantes dans la nuit devenue obscure, ils se mirent à chanter en chœur, sur la mélodie de *Wo Kraft und Muth*, qui est, je crois, de Weber, les strophes suivantes :

L'ombre descend, la journée est finie;
Voici la nuit : heureux en ce moment
Qui, comme toi, femme simple et bénie.
Sur ses bienfaits s'endort tranquillement!
Que cette herbe te soit légère !
Te voilà libre de soucis.

Repose en paix sur la terre étrangère :
Les nobles cœurs sont de tous les pays !

Tous les printemps les marguerites franches
Étoileront ton front silencieux,
Comme des yeux d'or aux paupières blanches

Plongeant au loin dans l'infini des cieux.

Dans ces bosquets, les petites mésanges
Viendront nicher en gazouillant tout bas,
Comme là-haut gazouillent les beaux anges;
Les oiseaux sont nos anges ici-bas.

Ici, du lit de mousse où tu reposes.
Tu n'as, le soir, qu'à te lever un peu
Pour voir là-bas les grandes Alpes roses »
Dresser leur front rose dans le ciel bleu.

Enfants du peuple, à toi, fille de France,
Nous dédions cet humble chant d'adieu.
Ce chant de mort ou plutôt d'espérance.
Qui te suivra jusqu'auprès du bon Dieu!
Que cette herbe te soit légère !
Te voilà libre de soucis.
Repose en paix sur la terre étrangère;
Les nobles cœurs sont de tous les pays !

Section V.

Les forces de ma pauvre Lucie étaient à bout. Pendant quatre jours, je restai à son chevet sans savoir si à la perte de ma mère et de la grande Hirmine n'allait pas d'un instant à l'autre s'ajouter la sienne. Pour elle aussi bien que pour moi, la phase des larmes était passée; notre accablement n'était plus de l'angoisse, mais de la stupeur. Hélas ! n'y avait-il pas bien de quoi ? Quelle autre impression pouvait produire sur une âme aussi timide et aussi délicate que celle de Lucie la pensée d'être la femme d'un forçat ? L'approche d'un malheur en ce genre a beau planer menaçante sur notre tête depuis le jour de l'arrestation du coupable; le besoin d'espérance est si impérieux en nous, que, malgré toutes les invraisemblances, nous nous y acharnons à notre insu jusqu'au dernier moment, si bien que l'explosion finale de la sentence, quand elle arrive, nous écrase toujours comme un coup de foudre imprévu.

Lucie n'était pas femme, hélas ! à se réfugier dans cette conviction que les crimes sont affaire personnelle. Pour en arriver là, il faut savoir dégager les susceptibilités du point d'honneur de toute préoccupation de vanité, il faut avoir un sentiment net d'indépendance et de responsabilité qui lui manquait complètement. A cette âme consternée, deux asiles cependant eussent pu s'ouvrir encore : la conscience de sa candeur angélique, ou la vigoureuse et fière acceptation de mon amour; mais hélas! ces deux idées, qui me semblaient avoir si manifestement le droit de se renforcer l'une par l'autre dans son cœur, étaient précisément celles qui le torturaient le plus. Son innocence... elle n'existait plus pour elle; son amour... elle l'appelait un crime. Il n'était pas jusqu'à mon abnégation absolue dont elle ne réussît à se faire un nouvel instrument de supplice.

— Ah ! mon pauvre ami ! pourquoi donc ne m'avoir pas laissée mourir ? s'écriait-elle. J'étais sans reproche alors, et je pouvais arriver devant Dieu sans crainte, tandis que maintenant tu vois à quoi t'entraîne la déplorable idée que tu as eue d'intervenir en protecteur dans une vie qui ne devait plus être protégée. Ta mère est morte en t'appelant sans doute à ses derniers moments, et c'est moi qui suis cause que tu n'étais pas là pour lui fermer les yeux. Non, va, ce ne sont pas tes intentions que j'accuse, tu as été pour moi le plus noble et le plus généreux des hommes. Par toi, j'ai entrevu même un instant à quelle joie immense j'aurais pu prétendre; mais, pour en arriver là, regarde comme il a fallu que tout fût bouleversé autour de nous, comme il a fallu que nous perdissions de vue toutes les exigences les plus simples de la vie. Tu veux que je trouve dans mon amour la force de vivre, mon bon Tanisse; mais ne vois-tu pas que cet amour n'est éclos qu'au milieu d'opprobres et de cadavres ? Une vie comme la mienne valait-elle un dévouement pareil au tien et à celui de la grande Hirmine ? Ta vie était calme et régulière, et c'est moi qui, en acceptant étourdiment tes sacrifices, l'ai à jamais troublée. Non, non, va, ne cherche plus à me rassurer, ne cherche plus à me consoler. Vois-tu, je suis perdue ! Dieu ne m'avait donné des forces que pour atteindre le moment où il savait bien qu'il me rappellerait à lui. Tu as voulu lutter contre lui, tu as voulu réaliser l'impossible; tu vois ce qui arrive quand on prétend dompter la fatalité.

Certes je me croyais le droit de me supposer déjà quelque expérience en fait de déchirements de cœur; mais, à la secousse que m'imprimèrent ces paroles, je reconnus bien vite que je n'étais pas à bout. La vie morale de Lucie venait d'être frappée à mort, je le compris d'instinct. Dès lors tous mes beaux rêves impossibles, toutes mes radieuses espérances n'étaient plus que des ombres vaines qui allaient s'anéantir comme ces bulles de savon à la poursuite desquelles j'avais failli autrefois me jeter dans la rivière. La frêle constitution de la pauvre femme n'était pas de force à résister au vent acerbe des hautes cimes sur lesquelles je m'étais cru le droit, le devoir et la force de l'emporter. Il est des natures faites pour la lutte, et je croyais être du nombre; à celles-là le ciel donne une énergie de vitalité, une imperturbabilité d'espérance en proportion de la longueur du chemin qu'elles ont à parcourir. Il en est d'autres qui sont évidemment nées victimes, et qui n'ont de répit dans la vie qu'en proportion du plus ou moins de temps qu'elles mettent à trouver leur bourreau. Était-ce donc à moi qu'était dévolu ce rôle affreux envers Lucie ? De quelle excuse m'était maintenant tout mon étalage de bonnes intentions, tout ce fatras de sentiments emphatiques, si en définitive mon amour devait aboutir à l'assassiner ? Quel droit avais-je de me croire au fond de ma pensée moralement si supérieur à elle, dès qu'avec son seul bon sens de simple créature elle arrivait à constater plus vite que moi l'impossibilité de la tâche que j'avais si légèrement entreprise ?

Devant un abîme si nouveau pour moi, je fus pris de vertige, et je ne sais à quelle résolution désespérée je me fusse porté envers moi-même, si aussitôt je ne me fusse rappelé que, matériellement au moins, Lucie avait toujours besoin de moi. Ah ! que j'étais loin désormais de toutes ces combinaisons fantastiques d'avenir qui m'avaient un instant traversé la tête! Avec quelle humilité suppliante je me sentais prêt à racheter ce qu'à mon tour aussi j'appelais mon crime! Évidemment coupable à mes yeux envers Lucie, je n'osais non plus reporter ma pensée vers mes pauvres parents, dont l'un venait de mourir sans même que je le susse, dont l'autre allait peut-être mourir aussi en m'accusant d'ingratitude. Mieux je me rendais compte de la noble vie de la grande Hirmine en l'embrassant enfin dans son ensemble, et plus je me sentais rapetissé dans ma propre estime, en voyant à quoi se réduisaient mes ressources, une fois qu'elle n'était plus là pour me protéger. Sans doute, jamais mes pauvres parents n'avaient beaucoup compté sur l'efficacité de mon appui : l'exiguïté de leurs besoins assure aux pauvres des luxes de désintéressement dont on n'a pas l'idée; mais pouvais-je en toute tranquillité de conscience exploiter ce renoncement, qui n'était encore que présumé, en sacrifiant les devoirs primordiaux de la nature à ceux que je venais de compliquer si lamentablement par quelques instants d'oubli ?

J'avais reçu depuis peu une lettre de Pidoux, qui se trouvait maintenant à Paris. Le souvenir de toutes les angoisses que j'avais éprouvées à Berne s'ajoutant bientôt au violent désir de revoir mon père, toutes mes préoccupations se portèrent de ce côté. Sans doute, dans l'état où elle était, je ne pouvais abandonner Lucie au milieu de gens toujours aussi étrangers pour elle qu'à l'instant de notre arrivée; mais n'y aurait-il pas moyen de lui faire continuer à Paris l'incognito à l'abri duquel elle vivait ici ? Une fois installés là-bas, et cela nous était facile maintenant avec la fortune que nous avait laissée la grande Hirmine, ne pourrais-je pas trouver quelques jours pour venir à Vuillafans ? Lucie accueillit la communication de cette idée avec un mouvement de joie qui eût terminé à l'instant même toutes mes irrésolutions, si j'en eusse éprouvé.

Quinze jours après, nous étions établis dans la jolie petite chambre d'un cinquième étage donnant au loin sur les marronniers du jardin du Luxembourg. Comme cette installation semblait devoir être définitive, j'avais arrangé la chambre de Lucie de manière à lui rappeler autant que possible la vie comfortable de son enfance. Là du moins nous étions dans nos meubles ; les rideaux perse de la fenêtre et de son petit lit étaient à nous; la pendule, la glace, la commode, le tapis étaient à nous. Ni dans notre intérieur, ni au dehors, personne ne s'occupait plus de nous. Ce changement de lieux et de situation ne tarda pas à dissiper un peu mes idées noires. Il me sembla bientôt que je m'étais exagéré beaucoup de choses à Berne après la mort de la grande Hirmine, et tout en me promettant de respecter désormais ces limites de la fraternité que je déplorais si sincèrement d'avoir un instant franchies, je ne pouvais m'empêcher de penser aussi que Lucie deviendrait peut-être libre d'un jour à l'autre.

C'est dans ces dispositions meilleures que je pris un beau matin la route de mon village, en laissant Lucie approvisionnée de tout pour les dix jours que devait durer mon absence. Il n'était qu'onze heures du matin quand j'arrivai au Moulin-en-Bas, à dix minutes de Vuillafans. Le temps était beau, cependant je voyais peu de vignerons dans les vignes, et la cloche sonnait. Ce son de cloche, qui devait être pour un enterrement, me rappela bien douloureusement le souvenir de ma mère, et déjà les larmes me venaient aux yeux, quand tout à coup mon attention fut attirée par une décharge de quelques coups de fusil, dans l'enceinte du cimetière, sur le chemin de Château-Vieux, de l'autre côté de la rivière. Au même instant, un roulement de tambour voilé se fit entendre. Je m'arrêtai, pris d'une sueur de mort, à regarder le cortège qui défilait en aspergeant d'eau bénite le cercueil dans la fosse, et malgré moi mes dents se mirent à claquer. Saisi d'un pressentiment sinistre, je m'élançai à travers les prés et la rivière; j'escaladai la colline et le mur d'enceinte du cimetière, et je vins tomber plus mort que vif sur le tas de terre dont on allait recouvrir mon père...

— Ah! par pitié, Lexandre! m'écriai-je là en tendant mes bras suppliants au fossoyeur ; Lexandre, laissez-moi embrasser encore une fois mon pauvre père !

— Tiens ! c'est toi, Tanisse ! Eh bien ! tu arrives à belle heure !

— Lexandre, il faut que j'embrasse encore mon père !

— Attends, attends, puisque c'est ça, je vais donner un coup de pioche au couvercle. Pauvre Vacciné ! lui qui s'imaginait sans doute que tout était dit après les quatre coups de fusil que les autres ont voulu lui tirer dessus pour lui faire honneur, et voilà que maintenant il faut le déclouer.

Lexandre, impassible comme tous les fossoyeurs, ne faisant pas sauter le couvercle assez vite pour mon impatience, je le saisis moi-même à belles griffes, puis je déchirai le vieux drap qui servait de suaire, et je retrouvai enfin là, morte, oui, mais toujours sereine et résignée, la figure de mon pauvre père.

Quand je repris mes sens, le cortège, revenu sur ses pas à la nouvelle de ce qui se passait, faisait cercle autour de moi. Félicien Griselit m'arracha avec violence de cette fosse dans laquelle j'allais me précipiter avant le cercueil, et m'emmena, la tête perdue, chez lui.

Là, je m'enfermai et ne voulus parler à personne. Il devenait évident pour moi qu'à mon insu je devais avoir commis quelque grand crime, car comment expliquer autrement cette succession de coups du sort si terribles depuis quelques mois ? Félicien avait déjà deux gros garçons, et sa femme lui en promettait un troisième. Tout son petit ménage respirait l'aisance et le contentement. A onze heures du soir, malgré tous ses efforts pour me retenir, je voulus aller coucher dans notre triste maison, pour m'y repaître plus à l'aise de mes pensées de mort et de mon désespoir. Une fois seul, je m'enfermai et me roulai avec une sorte d'emportement funèbre sur ce lit où venait de mourir mon pauvre père. Bientôt je reportai mes regards hébétés dans la chambre qu'éclairait un rayon de lune. Tout y était dans l'ordre d'autrefois, à cela près que le tambour de la commune n'était déjà plus sur le buffet. Ce tambour et mon père étaient sortis ensemble le matin pour ne rentrer ni l'un ni l'autre : l'affiche du chien perdu et celle du poulailler étaient toujours au mur; je les en détachai avec précaution et je les mis dans ma poche. A trois heures du matin, Félicien vint taper à la fenêtre, et j'allai lui ouvrir. Il me parla alors de la disparition de Mme Groscler et de la grande Hirmine. Je fis semblant de ne rien comprendre. Félicien déposa un petit sac d'argent sur la table, et se mit à me raconter le projet qu'il avait formé de m'acheter ma maison. Mes parents avaient laissé quelques dettes. Il avait calculé tout cela d'avance, et me proposa de le constituer purement et simplement en mon lieu et place, tant pour les dettes que pour le mobilier de la maison, moyennant la somme de six cents francs, dont il m'apportait la moitié comptant. Je m'empressai d'accepter, et nous partîmes pour aller passer acte de tout cela chez un notaire, à Ornans. Sitôt l'opération terminée, nous nous embrassâmes, lui pour rentrer dans sa vie laborieuse, mais calme et régulière, et moi pour retourner aux tristes incertitudes qui m'attendaient à Paris.

Lucie me sauta au cou avec une effusion toute gracieuse qui me navra, en me faisant comprendre à quel bonheur nous eussions pu en définitive prétendre l'un par l'autre dans des conditions meilleures. Elle s'informa de mon père avec une sollicitude dont je lui sus un gré infini, mais je n'eus pas le courage de troubler sa joie en lui avouant la vérité, et je lui répondis qu'il allait au mieux. Malgré une pâleur extrême et une petite toux sèche qui me faisaient assez comprendre combien en elle tout était profondément ébranlé, je ne pus m'empêcher d'admirer l'aisance et la distinction de manières qu'elle avait reprises pendant mon absence, au milieu de ce petit intérieur à peu près sortable où je l'avais laissée. Elle avait profité de mon voyage pour remettre en ordre tous mes petits effets. La fenêtre de mon cabinet était garnie de fleurs aussi bien que celle de sa chambre. Le contraste devenait si frappant avec les impressions que j'avais rapportées de Vuillafans, que je me sentis un instant redevenu presque aussi étranger à cette chère enfant que j'avais cru l'être autrefois avant tous nos malheurs.

Sous l'impression de la douce et vivifiante atmosphère qui m'entourait, je me surprenais à croire par moment que le malheur s'était enfin éloigné de nous, quand un dimanche, en me promenant avec Lucie dans une allée retirée du Luxembourg, je sentis tout à coup son bras se crisper sur le mien. Je n'eus que le temps de la retenir pour l'empêcher de tomber à la renverse. Sa figure était devenue tout à coup livide; ses yeux lançaient des regards fixes comme ceux d'une statue. Je regardai dans la même direction, et j'aperçus, à une vingtaine de pas, sur un banc, une vieille femme enveloppée d'un grand châle, dont les couleurs flétries, mais encore éclatantes, contrastaient singulièrement avec le chapeau déformé qui trahissait sa misère. Je ne m'expliquai pas tout de suite pourquoi Lucie regardait ainsi cette femme; mais, comme son tremblement nerveux commençait à m'effrayer, je m'empressai de la prendre dans mes bras, pour l'emporter dans notre chambre, qui n'était pas loin.

— Ah! mon ami.., voici la fin! s'écria-t-elle sitôt qu'elle se trouva sur son lit.

Je regardais avec stupeur.

— Quoi! tu n'as donc pas reconnu ma mère ?

Cette parole et la fièvre violente qui s'était emparée de Lucie me firent craindre pour la jeune femme une crise des plus graves. Je courus aussitôt chercher un médecin, qui partagea mes inquiétudes.

— Ah! pauvre ami! ce n'est pas seulement un médecin qu'il me faut, me dit Lucie quand il fut parti. Je sens là que je suis à bout.

Lucie parlait d'un ton si pénétré, qu'oubliant mes beaux projets de réserve, je me précipitai à son cou en la couvrant de mes larmes et de mes caresses.

— Oui, mon bon Tanisse ! sois tranquille, va, je t'aime, je t'aime de toute mon âme ! Oui, je puis te le dire librement maintenant que j'entrevois le terme de mes maux… et un peu aussi des tiens…

Je protestai par un redoublement de larmes.

— Oui, je t'aime, va, sois tranquille, mais d'un amour qui n'est déjà plus de ce monde ; aussi à celui-là, vois-tu, je m'abandonne maintenant sans la moindre crainte. C'est même sur cet amour-là que je compte pour me faire trouver grâce devant Dieu. Tu vois si je l'aime, mon amour, et si j'en fais estime ! Oui, en arrivant là-haut, je dirai au bon Dieu : — Mon Dieu ! regardez là-bas mon bon Tanisse, voyez si l'on peut être meilleur, et plus généreux, et plus dévoué que lui ; voyez dans les crises les plus violentes par lesquelles il vous a plu de l'éprouver, voyez si son courage et sa bonté ne sont pas restés toujours aussi fermes et inépuisables. Eh bien ! tout indigne que j'en étais, voilà l'homme qui m'a aimée. A défaut d'autres mérites, permettez-moi donc, ô mon Dieu ! d'espérer que vous me tiendrez un peu compte des siens, et alors je m'avancerai devant votre saint tribunal en toute confiance ! — Oui, mon bon Tanisse, voilà ce que je dirai ; mais auparavant, vois-tu, je voudrais…

— Un prêtre !

— Oui, mon cher ami ; va, que cette pensée ne t'effraie ni comme présage d'un événement que je sens bien être maintenant inévitable, ni surtout comme atteinte possible à ce que nous sommes irrévocablement l'un à l'autre. Je n'ai rien à renier de ce qui fait en ce moment ma gloire et mon espoir, mais j'ai mes faiblesses dont il faut que j'obtienne le pardon ; j'ai mes misères, dont il faut que je me débarrasse, si je feux être sûre d'être admise à te précéder dans ce monde de paix et de félicité où nous aurons toute l'éternité pour nous aimer sans la moindre crainte.

Depuis longtemps déjà j'éprouvais bien quelques doutes sur l'utilité de l'intervention du prêtre entre Dieu et l'âme du pauvre agonisant qui s'apprête à paraître devant lui, mais l'accent d'autorité onctueuse que prenait la voix de Lucie à cet instant fatal n'était pas de ceux à l'encontre desquels la pensée pouvait venir d'élever une objection. — Après tout, me disais-je, de quoi l'homme peut-il être sûr ici-bas, si ce n'est exclusivement de sa sincérité ? Hors de là tout n'est-il pas discuté et discutable ? Pour mon propre compte, je suis bien libre sans doute de penser ce que je voudrai à mes risques et périls sur toutes les questions de cette nature ; mais en matière de croyances, c'est-à-dire de sentiments, je ne puis m'arroger sous aucun prétexte le droit de sonder les reins d'un autre. Les vrais sentiments s'éprouvent et ne se discutent pas.

— Ah ! maintenant me voilà heureuse, reprit Lucie d'une voix caressante quand le prêtre fut sorti. Ecoute, mon bon Tanisse, je lui ai tout dit! Oh ! ne fronce pas le sourcil, va, car il a été bien bon pour moi, et il a su tout comprendre. Lui parler de moi, c'était forcément lui parler aussi de toi; mais sois sans crainte, va! Si j'ai gagné à cela la certitude de mon pardon, je suis bien sûre que tu y as gagné aussi la conquête de son estime. Ecoute, Tanisse; s'il m'a pardonné, ç'a été à une condition, et je suis sûre que tu ne trouveras pas mauvais que j'y souscrive. Vois-tu, je me sens si heureuse de ce que je viens de faire, si heureuse surtout de pouvoir m'endormir tout à l'heure sous ton bon regard, que je me sentirais de force à embrasser même celui qui m'a fait le plus de mal; aussi pense combien il me tarde de pouvoir au moins embrasser ma mère! Oui, Tanisse, que ce mot ne te surprenne pas : comment pourrais-je réclamer là-haut l'indulgence du bon Dieu, si, avant de paraître devant lui, j'en avais manqué moi-même ?

Ah î si jamais j'ai eu le sentiment net et vif de la grandeur à laquelle peuvent s'élever à certaines heures les natures les plus simples, ce fut bien en écoutant, agenouillé devant Lucie, ces paroles si inattendues. Quel charme surhumain les approches de la mort prêtaient-elles donc à cette douce enfant, pour qu'elle arrivât si subitement à me faire contempler d'un œil presque serein cette séparation terrible dont, une heure auparavant, je repoussais encore l'idée avec effroi ? De pareilles âmes ne sont-elles pas, à de pareils moments, au moins aussi adorables que l'autel devant lequel elles se prosternent ?

J'eus longtemps à chercher avant de découvrir le domicile de Mme Groscler. Quand j'entrai dans sa mansarde, éclairée par une fenêtre s'ouvrant en tabatière, nous poussâmes presque simultanément un cri étouffé de stupeur. Je n'aurais pas eu le cœur encore tout inondé des paroles émouvantes de Lucie, que l'aspect de tant de misère m'eût certainement désarmé.

— Madame, je viens, de la part de Lucie, qui se meurt, vous prier de vouloir bien venir recevoir son dernier soupir.

— Quoi!... que... Lucie... à Paris... qui se meurt!

— Madame, remettez-vous; c'est une prière que je vous apporte de sa part, une prière instante, et pas autre chose... Le seul fait de ma démarche doit vous prouver, madame, avec quelle profonde reconnaissance elle accueillera cette dernière bonté de votre part.

Un instant après, les deux pauvres femmes tombaient sans mot dire dans les bras l'une de l'autre. Il était temps, car bientôt, à la suite d'émotions si vives, une crise se déclara. Lucie prit nos mains dans les siennes, les serra avec tout ce qui lui restait de forces en murmurant un dernier adieu; puis sa tête s'inclina, et tout fut dit.

En rentrant du cimetière où j'avais accompagné seul avec Pidoux la dépouille de Lucie, je repris dans le secrétaire les affiches du poulailler et du chien perdu, le petit morceau de tresse bleue et le foulard rouge de la grande Hirmine; je mis tout cela bien soigneusement dans ma poche. Je pris ensuite mon petit paquet de hardes sous mon bras, et je dis à Mme Groscler : — Madame, vous êtes ici maintenant chez vous. Le bail de cette chambre vient d'être fait pour trois mois. Il reste cinq cents francs dans un tiroir de ce secrétaire dont voilà la clé. — Et là-dessus je sortis.

. . . .

Voilà donc enfin que j'ai terminé ma tâche. Est-il bien sûr, mon pauvre Tanisse, qu'en relisant ces pages, tu en tireras les résultats calmants que tu avais en vue ? Pourquoi pas ? Si j'y ait dit le mal, j'y ai dit aussi le bien. Le bien et le mal, — on n'est homme qu'à cette double condition, et je trouve qu'il n'y a pas plus à rougir de l'un, quand on a été sincère, qu'à se pavaner de l'autre. L'homme, dit-on, n'est ni ange ni bête, et sitôt qu'il cherche à faire l'ange, il n'arrive qu'à faire la bête. C'est mon avis; aussi je prétends rester homme, ni plus ni moins, tel que Dieu m'a fait. A ceux qui sont sûrs d'avoir atteint la perfection en tout, je laisse le soin charitable de me jeter la pierre.

Oui, elle est morte, ma pauvre Lucie; morte, la grande Hirmine; morte, ma mère; mort, mon père. Voilà pourtant toutes les victimes, tous les dévouements, tous les amours, et même tous les crimes qu'il a fallu pour faire de moi l'homme que j'étais à vingt-cinq ans! Beau résultat, en vérité, pour une élaboration pareille! Mais que dis-je ? Non, il n'est pas vrai que j'aie été le but et la cause de tout cela, pas plus que le naufragé qui parvient à gagner seul le rivage n'est cause de la tempête qui a englouti son vaisseau.

Oui, sans doute, pour moi, le chemin de la vie a été rude, mais je n'y ai pas moins marché à peu près toujours dans mes propres chaussures, et quand mes propres chaussures ont été en lambeaux, je n'en ai pas moins continué à marcher en avant, au risque de m'ensanglanter les pieds au tranchant des cailloux. Ce que j'ai fait, je le ferais encore. L'accablement m'est venu parfois, mais non pas le doute. Je ne réclame de la destinée ni passe-droit ni faveur; seulement je ne suis ni humble ni orgueilleux. Si l'orgueil égare, l'humilité énerve, je ne veux ni de l'un ni de l'autre; au lieu de tout cela, je me contente d'être fier et non pas vain. La fierté est la conscience de notre force, ou tout au moins de notre dignité personnelle, tandis que la vanité est l'aveu implicite du contraire. La fierté fait les hommes libres, la vanité fait les parasites. Oui, tout cela, c'est très bien. Et cependant, voyons, là, franchement, la main sur la conscience, est-il bien sûr, mon cher Tanisse, que cette pauvre Lucie, d'ailleurs si digne d'être aimée, eût produit sur toi une impression aussi vive, si le prestige de sa position, relativement brillante, ne s'était mis de la partie ? Est-il bien sûr que tu te fusses jeté avec un empressement aussi aveugle au-devant de tous les sacrifices, s'il se fût agi de la fille de pauvres gens comme ceux dont tu es né ?

La question est embarrassante, j'en conviens; la solution peut même devenir humiliante pour ton amour-propre, que tu trouvais tout à l'heure si légitime; mais encore, ce n'est pas une raison pour n'y point répondre. Et à supposer même que dès le début ta vie se fût trouvée pour ainsi dire de plain-pied avec celle de Lucie, voyons, en y réfléchissant sérieusement maintenant, te crois-tu fort assuré que votre bonheur des premiers jours, des premières années peut-être, eût duré toujours ? Est-il bien sûr que cette douce, mais faible créature ne se fût pas blessée bien souvent au contact de ton écorce, devenue de plus en plus rude aux chocs des événements ? Est-il bien sûr que tu serais allé loin avant de reconnaître qu'au lieu d'une femme capable de retremper ton âme aux instants de fatigue, au lieu d'une femme prête à te suivre dans toutes tes luttes matérielles et morales, tu n'avais dans tes bras qu'une débile enfant ?

Qu'est-ce donc alors que l'amour, et vaut-il tous les sacrifices qu'on lui fait, si, au premier examen sérieux que je m'avise d'en faire, je vois se dresser devant moi des points d'interrogation pareils ? Mais pourquoi aussi me casser la tête sur toutes ces arguties de procureur ? Elle est morte, ma pauvre Lucie ! je n'ai donc plus à me tenir en garde contre les mécomptes qui eussent pu nous attendre si nous avions eu à vivre l'un pour l'autre. Peut-être n'est-ce pas un mal que les choses se soient ainsi arrangées. En tout cas, je le sens assez à mes larmes toutes, les fois que je pense à elle : c'a été pour moi un bien rare privilège que cet amour si beau qui est venu illuminer et protéger toute ma première jeunesse. Qu'importent à l'amour tous les arguments ? N'est-ce pas sa gloire au contraire de trouver assez de ressources en lui-même pour avoir le droit de faire abstraction de tout le reste ? Au milieu des déchirements que j'ai subis, bien des illusions se sont peut-être évanouies en moi, c'est possible; mais aurai-je, comme tant d'autres, la niaiserie de déplorer la perte de mes illusions, c'est-à-dire de mes erreurs ? Ne sens-je pas en moi assez de vigoureuses certitudes pour combler toutes les lacunes ? La vraie sagesse ne consisterait-elle pas à ne demander à la vie que le peu qu'elle doit donner, tout en s'avouant que ce peu même, il faut d'abord le conquérir ?

ISBN : 978-1727099096

www.ingramcontent.com/pod-product-compliance
Lightning Source LLC
Chambersburg PA
CBHW061518250726
48657CB00005B/1946